JN055763

小さな会社の
シンプルな
一体型
賃金制度

特定社会保険労務士　三村 正夫 著

経営書院

はじめに

　この本を手に取られた社長さんや、人事担当者の方に深く感謝申しあげます。

　この本を読んでいただくことで、小さな会社でもシンプルな賃金制度が作れて、昨今のコロナ禍における、インフレ・最低賃金の引き上げなど、小さな会社でもこれらの諸課題に真剣に立ち向かう時のヒントの一つになれば幸いです。

　今日の世界は地球規模の温暖化による、脱炭素化、エネルギー問題など、世界も日本もかつて経験したことがない、騒然とした時代となってきております。

　そして消費者物価指数が連日アップされ、毎日様々な商品の値上げが実施されてきています。このようななか、私は日常的に社会保険労務士の仕事柄多くの中小企業の顧問先を訪問しますが、従業員の方から、うちの会社は定期昇給の賃金規定になっていますかなど、これまでにはなかった質問がたびたびくるようになってきました。昨今のインフレと物価高で従業員さんはこれまでそれほど感じてこなかった昇給ということについて、真剣に考えてきていると感じる次第です。

　この本の読者の大半は小さな会社の経営者や、総務関係の

方が大半かと思われますが、あなたの会社で昇給ということを、真正面から取り組んでいかなければ、今後はあなたの会社の大事な大事な従業員さんがあなたの会社に見切りをつけてしまうことが起きてくるのではないかと思います。

　ところで、日本では個人企業まで入れると、従業員30人までが94％、100人までは98％を占めています。なんと10人未満は8割を占めています。

　私が日常的に顧問先の会社をみていると10人未満の会社で、オリジナルの賃金制度に基づいて、定期昇給をしている会社は約1割に満たない感じです。多くの会社は社長さんの鉛筆なめなめの世界ではないでしょうか？

　私は社長さんの鉛筆なめなめもいいと思いますが、昨今のインフレ、毎日のように低賃金の日本などと報道される中では、小さな会社でも、定期昇給など賃金制度として制度化してやっていかないと、会社経営そのものがやがて人手不足でできなくなってきてしまうことも今後十分、予想されるのではないでしょうか？

　そこでこの本では、小さな会社でも、外部の賃金コンサルタントに依頼せずに、シンプルな一体型賃金制度に基づい

た、インフレにも対応できる、世間相場連動型基本給といった考え方をもとに明日からでも実施できる賃金制度をご紹介できればと思っております。

　本書は多くの賃金制度の本のように、真剣に読み込まないと理解できない本ではないので、どうぞ最後まで、お気軽に肩の力を抜いてお読みいただけたら幸いです。

本日は私の本を
選んでいただき
深く感謝申し上げます

■目次

第**2**章

世間相場連動型基本給を
どのように自社の賃金制度に落とし込むか?

第**3**章

小さな会社の賃金制度はどのような制度がベストか

第**4**章

人手不足時代、アルバイト・パートさんも
退職金制度が必要では

第 5 章
アルバイト・パートさんの正社員への転換と
無期転換制度について

インフレ時代、アルバイト・パートさんの賃金制度はどうするべきか

1 アルバイト・パートさんなどの労働生産性とは？

　中小企業白書（2022年版）によれば、従業員一人当たりの労働生産性（製造業年間平均）は、大企業が1,180万円、中小企業が520万円で、その差は実に2.3倍となっております。このデータをご覧になられた多くの小さな会社の社長さんは、愕然とされたのではないでしょうか？　このことが、結果として中小企業と東証一部上場企業との年収格差にもつながってくるわけであります。ましてや10人未満の小さな会社ではさらに格差は拡大していると思われます。

　次は、アルバイト・パートさんの労働生産性について考えてみたいと思います。

　総務省の2021年平均の労働力調査の次の図表１のデータによると、現在の日本は３人に１人の割合で36.7％が非正規雇用であります。65歳以上においては75.9％が非正規雇用であります。

　このデータからも、いかに非正規雇用の労働生産性が重要であるかご理解していだだけるのではないでしょうか？

図表 1　年齢階級別非正規の職員・従業員の割合の推移

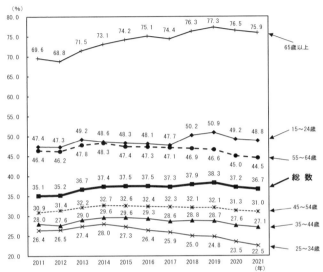

注）割合は，年齢階級別「正規の職員・従業員」と「非正規の職員・従業員」の合計に占める割合を示す。

（資料出所）労働力調査（総務省）

　日本国語大辞典（小学館）ではアルバイト・パートとは以下のような意味があるとなっております。

アルバイト：　　学生が、学業のかたわら従事する仕事や、
　　　　　　　　社会人が本業のかたわら行う内職。また、
　　　　　　　　それをする人

パートタイマー：正規の就業時間に関係なく、臨時にある一
　　　　　　　　定の短時間だけ勤める人。

　この日本国語大辞典からも、アルバイトとは学生などがす

る仕事としています。学生というのは学校を卒業する際には、その雇用は終了しますので、労務的な視点からは短期更新型（更新回数が決まっている）の有期労働契約といえるのではないかと思います。一方パートとは、更新回数が比較的定まっていない中長期更新型の有期労働契約といえるのではないかと思います。

　いかがでしたでしょうか？　アルバイト・パートさんなど非正規従業員さんの意味合いがご理解できましたでしょうか？

　このような意味合いからも、経営者の視点からみると、アルバイト・パートさんに対する処遇がないがしろにされやすい傾向になってきているのではないかと思います。

　しかしながら、お客様の視点でみれば、どうでしょうか？社長さんの身近なところで、コンビニに行って、店員の態度が悪ければどうですか？　もう２度とこんな店にくるものか、なんて思ってしまうのが、人間の常ではないでしょうか？　そうです。使用者からみれば、アルバイト・パートさんでもお客様目線でみれば、あなたの会社の全ての評価になってしまうのです。

　私は、日常の社会保険労務士の業務で、様々な会社を訪問しますが、意外とお客様との接点が一番多い職種がアルバイト・パートさんのお仕事ではないかと思います。

　ですから、このアルバイトさんの一回の新規顧客との応対

が悪ければ、それは、そのことに留まらずに、会社全体の評価につながってしまうということなのです。

　この現実を考えるならば、アルバイト・パートさんだからといった考え方は改めなければならないし、処遇の面でも十分考慮しなければならないのではないかと思います。

　また、アルバイト・パートさんの中には素晴らしいビジネスキャリアを持ちながら、子供さんの関係上やむなく短時間労働でしか働けない優秀な人材も一杯いるのです。

　ところで社長さん、ディズニーランドやマクドナルドはご存知のように、大半がアルバイトです。そして、それが世界に冠たる企業の一角となっております。このようにいうと、あの会社は大企業でうちらのような会社とは別物だと、思われている社長さんが大半ではないかと思います。

　たとえばディズニーランドでは、全従業員の約９割がアルバイトで構成され、１年間で約１万８千人いるアルバイトのうち半分近く9,000人くらいが退職していくそうです。そのため、１年に３回くらい、3,000人近くのアルバイトを採用しているということです。なんと９割がアルバイトなんです。

　社長さんも一度や二度は行かれたことがあると思います。私も数年前ディズニーランドに行った時に、急に気分が悪くなったので何か薬がありませんか？　と何気なく従業員さんにお聞きしたところ、わざわざ遠いところまで行ってきて、

薬を持ってきてくれたのには感動でした。なぜそこまでしてくれるのか不思議でした。

　このような体験を一度経験すると、やはりまた行ってみたいと思うものです。ディズニーランドは売上の9割はアルバイトで売り上げていると言っても過言ではないでしょう。

　次にマクドナルドについて考えてみたいと思います。

　マクドナルドもご存知のように大半がアルバイトです。

　マクドナルドが世界中に広まっていったのは、店を増やしたからではなく、世界中に人を育てたからだとも言われています。うちの息子もかつて、マクドナルドにアルバイトに行っておりましたが、息子に話を聞くと、たしかに、学歴、人種など全く関係のない、マクドナルドの人事戦略には感心するものがあります。

　創業者のレイ・クロックは次のように語っております。
「人は誰でも幸福になる資格があり、幸福をつかむかどうかは自分次第、これが私の信条だ」

　　　　　（成功はゴミ箱の中に　プレジデント社）

　この信条が現在のマクドナルドにも生き続けているのではないかと思います。この会社もディズニーランドと同様アルバイトで9割の売上を上げているのではないかと私は思っております。

　いかがでしょうか？　ともすれば、中小企業では、アルバイト・パートさんだからと言って、真摯な取組があまりされ

てきていないのが、ほとんどの社長さんがたの率直な感想ではないかと思いますが、ディズニーランドやマクドナルドの事例を考えれば、そんな考えは改めなくてはいけないことだと、ご理解いただけたのではないかと思います。

　まして、人手不足の日本ではますます、アルバイト・パートさんなどの雇用について、正規従業員と連動したシンプルな一体型賃金・人事制度の導入が求められてくるのではないでしょうか。

2　職能資格制度のような、複雑な賃金制度はナンセンス

　前節で、賃金制度を考えるとお話しましたが、それでは、どのようにすればいいのかです。ある程度の会社になると、正社員については賃金制度に職能資格制度などを導入して、賃金の昇給などを制度化しています。

　しかし、私は、何百人もアルバイト・パートさんなど従業員さんがいる会社は別として、この本の読者である小さな会社ではそこまでのしっかりとした賃金制度の導入までは必要ないのではないかと考えます。

　なぜなら、正社員と違っていつまで勤務してくれるか予測がつかないと思われます。従って長期雇用を前提とした、職能資格制度の導入には無理があるものと思います。しかし、現在の世界的なインフレ・物価高を考えていくならば、最低

限のわかりやすい賃金制度の導入が求められてくる時代になってきたのではないでしょうか。

　私は、アルバイト・パートさんなどの非正規雇用の方の大半は、時給がいくらかに重きを置いていると考えます。ですから、同業他社との時給の比較や、更新条件など、また、非正規雇用の正社員への転換制度などこの会社で働き続けたときどうなっていくのかを、わかりやすくした一体型人事・賃金制度を導入するべきであると思います。

　アルバイト・パートさんといっても色々なケースの人たちがいるわけであります。時給がこの会社はいくらだから働いているとか、こんな仕事をしてみたかったなど、理由はいろいろとありますが、多数がお金の条件できている方が多いのではないかと思います。このような視点に立つと漠然と時給を決めるのではなく、当社は業界の平均より物価高を反映して時給が50円世間相場水準より高いですなどと、他社と差別化できることをポイントに考えるべきではないかと思います。

3　アルバイト・パートさんの有効活用こそ　　ライバルとの差別化戦略！

　社長さん、あなたの会社のアルバイト・パートさんは何人おられますか？　2・3人の会社から20人・30人の会社まで様々なケースがあると思います。私が思うに、不思議とアルバイト・パートさんの雇用管理は企業規模に関わらず、あま

り相違していないように思います。

　現に私のお客様の会社でも、ほとんど同じような労務管理が行われているのではないかと思います。面白いのは正社員であれば、あなたは基本給20万円とか25万円とか決めますが、アルバイト・パートさんは一律時給900円とか1,000円とか、その担当する職務内容で決まる職務給が大半なので、基本的にはあまり格差がないのも特徴かと思います。

　それはなぜか。経営者があくまでも、臨時、補助的な仕事であると思い、真摯にアルバイト・パートさんのことを理解しようとしないからではないかと思います。

　しかし、このような考え方ではこれからの時代、あなたの会社では、人材となるアルバイト・パートさんの雇用はままならなくなってくると思われます。

　パートさんでも2人いればその賃金は正社員の賃金と変わらないコストがかかってくるわけですから、正社員と同じようにその処遇も考えなければ、いけないのではないでしょうか。

　このように考えると、私はアルバイト・パートさんの労務管理をパートさんという名称ではなく、例えば、フレッシュ職員など名称を工夫するなどの取組でも意識は変わってくるのではないかと思います。あなたは、パートですからと言われると人間それ以上の仕事はしなくなってくるものです。私は所詮パートですからとなってしまうのです。

このように何か一歩工夫するならば、他社との差別化になり、やがて会社の売り上げに必ずつながってくるものと思っております。

4 今年10月は101人以上 2年後の10月には 51人以上の特定適用事業所では 短時間労働者なども社会保険加入

アルバイト・パートさんなどの非正規雇用において、今年10月からは、特定適用事業所（事業主が同一である一または二以上の適用事業所）で、被保険者（短時間労働者を除く）の総数が常時100人を超える事業所で働くパート・アルバイト等の短時間労働者が、一定の要件（下記）を満たすことで、健康保険・厚生年金保険の被保険者となることになります。

●短時間労働者が被保険者となる一定の要件とは

①1週の所定労働時間が20時間以上であること

②雇用期間が2カ月を超えて見込まれること

③賃金の月額が88,000円以上であること

④学生でないこと

　ただし賃金月額から除かれる賃金

　・臨時に支払われる賃金および1月を超える期間ごとに支払われる賃金（例：結婚手当、賞与等）

　・時間外労働、休日労働および深夜労働に対して支払われる賃金（例：割増賃金等）

・最低賃金法で算入しないことを定める賃金（例：精皆
　勤手当、通勤手当、家族手当）

　いかがでしょう？　この4つの要件を満たすことが加入の
条件となりますが、社会保険に加入したくなければ基本的に
は、賃金月額が88,000円未満か、週の労働時間が20時間未満
ということになってきます。

　年収で105万6,000円ですからこれまで、105万6,000円から
130万未満で扶養になっていたケースの方は社会保険に原則
的には加入の時代になったといえます。

　この改正は2年後令和6年10月からは、いよいよ常時50人
を超える事業所も対象が拡大されます。まだ大半の小さな会
社では適用対象外ですが、やがて全ての中小企業も対象にな
っていくのではないか思われます。

5　パートさんなども基本的には社会保険加入の時代がやってきた

　正規従業員との処遇の格差の一番の大きな違いは、社会保
険に加入するかどうかがポイントであったかと思いますが、
今後はアルバイト・パートさんも正規従業員とはあまり変わ
らない待遇の時代になってきたのではないでしょうか。

　また、最低賃金について、令和4年10月から全国平均で過
去最高31円アップされました。東京は1,041円から1,072円に
大阪が992円から1,023円に引き上げられ千円代に突入しまし

11

た。これで日本での時給千円台になった都道府県は東京、神奈川、大阪の３つになりました。全国平均が961円になりましたので、数年後には全国平均も千円台に突入していくと思われます。時給千円で１日８時間勤務、21日間勤務しているフルタイムパートであれば８×21＝168時間勤務で、毎月の賃金は168,000円となり、正社員とそれほど違わない賃金になりつつあります。

　このような視点から考えてみても、社会保険も雇用保険と同じ週20時間以上勤務で、加入が義務付けられていくならば、従来のような非正規雇用の雇用管理では、対応できない時代になってきたのではないでしょうか。

まとめ

　インフレや、やがてやってくる人手不足時代、アルバイト・パートさんなどの非正規従業員さんの処遇が益々重要な時代に突入。小さな会社こそ時代の流れの影響をまともにうけるため、非正規従業員さんの雇用対策は今後これまで以上に重要な時代となってきた。

第 **1** 章

すべての従業員を
対象としたシンプルな
賃金の決め方

1 　賃金を決める際の目安にするべき心構えと指標

　昨今のインフレなどを考えていくと、経営者として、賃金はどのようにしたらいいのかと、悩むところではないでしょうか。

　賃金の額については、労働基準法では、最低賃金の定めがあるのみで、いくらにしなさいといった法律はありません。従って、会社でいろいろなケースがあるのが現実ではないでしょうか。

　労働基準法（労基法）では「この法律で賃金とは、賃金、給料、手当、賞与その他名称の如何を問わず、労働の対償として使用者が労働者に支払うすべてのものをいう。」と定義されています（労基法第11条）。

　ようするに、労働の対価、いわゆる労働の取引料金、価格が賃金ということであります。

　問題なのは、この賃金のメインである基本給を如何に定めるかであります。いろいろな賃金制度の本が巷にあふれていますが、ポイントはこの基本給の決め方を紹介しているわけであります。

　基本的には、欧米のように、与えられた仕事に対して価格を決める仕事給、それに対して多くの日本の企業が採用しているその人の持っている能力に対して価格を決める能力給、労働対価ではない視点である年齢などによって価格を決める

生活給などに分類して、基本給を決定しているのではないか
と思います。

　私は小さな会社ではざっくり、パートさんなどの非正規従
業員さんは、与えられた仕事で決める仕事給で、正規従業員
はその会社での能力を勘案した能力給、そして定年再雇用者
は、非正規雇用と同じ仕事給で考えていけば一番シンプルで
わかりやすいのではないかと思います。生活給をどの程度反
映させるかは、経営者の考え方で判断すればいいのではない
でしょうか。

　次は、基本給の具体的な金額をどう決めるかであります。

　仕事給、能力給で決めるとしても、参考となる基礎データ
をどこから参照してくるかであります。

　読者の多くの経営者の方は、大半が職安の求人情報や商工
会議所、労働局の公表しているデータなどから、社長さんの
鉛筆なめなめで決めている、または、知人の会社の情報など
で決めているのではないでしょうか？

　最終的には社長さんがこの価格でいくと決めて運用してい
るわけであります。

　最低賃金の引き上げなどの改定は、最低賃金ギリギリで採
用している会社に大きな影響を与えます。

　私の持論ではありますが、賃金決定の考え方は次の指標か
ら判断して決めるのが、今の時代の理に適っているのではな
いでしょうか。

賃金設計の３つのステップ

①　世間相場の賃金を調べる

②　最低賃金を確認する

③　自社の賃金バランス・経営戦略により賃金を決定
　　する。

　そしてその目線は下記の図表２の視点で考えるべきである
と思います。

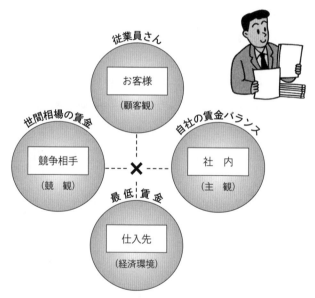

図表２　「社長は４つの中心で賃金を考える」

　このお客様視点を採用する従業員として見立てた4つの視点から、基本給の金額を決めることは、納得性があり合理的ではないかと思います。この4つの視点はその他会社経営においても重要な視点ではないかと思います。

　今日の物価高、インフレ時には4つの視点のうち世間相場の賃金（競観）と最低賃金（経済環境）の視点が益々重要視される時代になってきたのではないでしょうか。

2　インフレにも対応可能な世間相場連動型基本給の考え方

　私は、10年前に「サッと作れる小規模企業の賃金制度」（経営書院）の本の中で、世間相場連動型基本給という概念を提唱しております。この世間相場連動型基本給とは、ズバリ、世間相場の裏づけのデータをもとに、賃金を決めていこうというものであります。ですから、多くの大企業で採用されている、職能資格制度からくる賃金表などから一律に賃金を決めていくといった考え方ではありません。あくまでも、業界・地域別にみた、世間の賃金相場から、自社の賃金を決めていこうとする考え方であります。この世間相場から、自社の賃金の決め方を工夫することが、小さな会社の賃金制度を考えるうえで、一番重要なポイントではないかと思います。

　ではどのような、世間相場を確認するデータがあるのかで

す。私は大きく分類すると次の3つのデータを参考にします。

その1　職安のデータ

　社長さんは、ハローワークで求人などをされたことがあると思いますが、賃金の項目は職安の求人票では時給1,000円から1,200円または基本給20万円から25万円などとある程度含みをもたせて、求人しているケースが多いと思います。また、ハローワークではなく、民間の業者広告で求人している会社も多くありますが、実際に採用したときに、いくらの賃金で採用したかは、なかなかつかめないのが実態かと思います。確かに、いろいろな会社の求人の内容を見ることは参考にはなりますが、アバウトなとらえ方しかできないのではないかと思います。

その2　民間会社などの公表データ

　民間会社の公表資料はインターネットで検索できますが、その会社での応募のデータの集計であり、たしかに職種を指定すると、指定職種の時給などがわかる仕組みになっております。このようなデータ活用でもいいと思いますが、そのデータがどれだけ、実態に合致しているかが一つの懸念するところではないかと思います。

その3　賃金構造基本統計調査のデータ

　賃金統計には、国税庁が毎年発表している「民間給与実態統計調査」や商工会議所が発表しているデータなど、無料で調べられるデータがあります。

　その中で私が注目して、紹介するデータは厚生労働省が1948年以来毎年実施している、「賃金構造基本統計調査」（以後この本では賃金センサスと表現します）を活用したいと思います。毎年これだけの賃金データを調査発表している国はおそらく、日本以外にはないと思います。日本の国民性があるから、これだけのデータが集められるのだと思います。社長さん、一度ヤフーで「賃金構造基本統計調査」または「賃金センサス」と入力して見ていただければ、その膨大なデータに驚かれると思います。素人目にはどうせ、上場企業のデータしかないのではないかと思いがちですが、県別・従業員数別（10人以上、100人以上、1,000人以上など）に年齢別の賃金や職種別の賃金・賞与・年収など豊富なデータが提供されております。その中で一般労働者産業大分類の産業計を見ていただければ次のデータをみることができます。日本のほとんどの業種や職種の賃金の相場が一目でわかります。

　検索画面で賃金センサスと入力し、図表3・4・5のようにクリックします。そうすると図表6のようなデータをみることができます。

図表3

| 賃金センサス | × | Q 検索 | +次 |

ウェブ 画像 動画 知恵袋 地図 リアルタイム ニュース 一覧 | ツール

約401,000件 1ページ目

Q **賃金センサス 令和3年** **賃金センサス 令和4年** **賃金センサ**
賃金センサス 令和元年 **賃金センサス 最新** **賃金センサス 主**

こちらをクリック

https://www.mhlw.go.jp > toukei > list > chinginkouzou_a ▾
賃金構造基本統計調査 結果の概要 - 厚生労働省
ホーム > 統計情報・白書 > 各種統計調査 > 厚生労働統計一覧 > **賃金**構造基本統計調査 >
結果の概要. 賃金構造基本統計調査. 結果の概要. 賃金構造基本統計調査の概況.

図表4

ホーム > 統計情報・白書 > 各種統計調査 > 厚生労働統計一覧 > 賃金構造基本統計調査

賃金構造基本統計調査

▌お知らせ

（調査をお願いする事業所・企業の皆様へ）

- ● 賃金構造基本統計調査の対象事業所に選ばれた事業主の方へ

（賃金構造基本統計調査の一括調査を希望する企業の募集について）

- ● 一括調査のポイント
- ● 一括調査の申請はこちら【令和4年度募集終了】

（調査結果ご利用の皆様へ）

- ● 調査の目的
- ● 調査の根拠法令
- ● 抽出方法
- ● 調査票
- ● 調査の方法

- ● 調査の沿革
- ● 調査の対象
- ● 調査事項
- ● 調査の時期

▌調査の結果

こちらをクリック

- ● 結果の摘要
- ● 集計・推計方法
- ● 正誤情報
- ● 利活用事例

- ● 用語の解説
- ● 利用上の注意
- ♫ 統計表一覧（政府統計の総合窓口e-Statホームページへ移動します）

図表5

（一般労働者の産業大分類の画面をクリックします）

図表6

令和3年賃金構造基本統計調査
第1表　年齢階級別きまって支給する現金給与額、所定内給与額及び年間賞与その他特別給与額

表頭分割	01
民公区分	民営事業所
産業	産業計

区　分	企業規模計（10人以上）							
	年齢	勤続年数	所定内実労働時間数	超過実労働時間数	きまって支給する現金給与額	所定内給与額	年間賞与その他特別給与額	労働者数
	歳	年	時間	時間	千円	千円	千円	十人
男女計学歴計	43.4	12.3	165	11	334.8	307.4	875.5	2 821 087
～19歳	19.1	0.9	167	10	199.6	182.5	143.6	25 348
20～24歳	23.0	2.1	166	12	235.4	213.1	376.1	213 149
25～29歳	27.5	4.2	165	14	276.8	246.2	648.1	303 671
30～34歳	32.5	7.0	164	14	309.1	275.8	778.4	285 500
35～39歳	37.5	9.7	165	13	338.8	305.0	910.2	306 477
40～44歳	42.6	12.5	165	12	359.8	328.0	1006.1	344 931
45～49歳	47.5	15.3	166	11	373.7	344.3	1068.5	412 733
50～54歳	52.4	18.0	165	10	392.9	366.2	1172.3	359 816
55～59歳	57.4	20.0	165	9	388.4	365.5	1146.7	282 358
60～64歳	62.3	18.8	164	7	307.9	292.8	661.3	181 951
65～69歳	67.2	16.5	164	6	271.3	259.8	360.1	71 778
70歳～	73.1	17.6	162	4	251.0	243.3	252.1	33 374

　いかがでしょうか？　この図表6をみると年齢別賃金、賞
与などがよくわかります。また、労務管理としては残業時間
数や残業を含んだ賃金などのデータもわかるということで
す。日本にはこんな素晴らしい資料データがあったのです。
これを活用しない手はないと思います。この厚生労働省のデ
ータをご覧いただければわかりますが、男女別、年齢別、高

1,000人以上							
年齢	勤続年数	所定内実労働時間数	超過実労働時間数	きまって支給する現金給与額	所定内給与額	年間賞与その他特別給与額	労働者数
歳	年	時間	時間	千円	千円	千円	十人
42.4	13.6	162	14	375.7	339.7	1170.4	949 617
19.1	1.0	164	11	208.1	186.5	187.9	8 403
23.1	2.1	162	14	249.9	222.2	424.2	76 398
27.4	4.3	162	18	304.0	262.8	776.9	114 898
32.5	7.6	161	17	345.3	300.0	969.9	102 896
37.5	10.6	161	16	383.2	338.3	1200.4	106 430
42.6	13.8	162	15	407.1	364.9	1341.8	116 542
47.5	17.5	162	13	421.1	383.5	1429.2	136 170
52.4	21.4	162	11	453.9	421.4	1660.2	122 194
57.4	24.2	161	9	444.9	417.2	1618.4	94 521
62.2	21.0	160	8	328.2	310.9	882.3	52 087
67.1	16.9	160	7	289.7	277.3	447.2	14 568
72.5	16.1	158	5	244.8	236.1	288.5	4 510

校・大学などの学歴別などに、データが細分化されております。図表6のデータは、学歴別ではなくその総合の学歴計のデータで産業計の10人以上と1,000人以上のデータを掲載しました。1,000人以上の大企業との賃金の相違についてもご理解いただければと思います。巻末の参考資料には、様々な業種別のデータも掲載しましたのでご参考になれば幸いです。

また、この本の読者で実際に賃金制度を検討するときはご自分の住んでいる県ごとや、職種別などのデータが豊富に掲載されておりますので、活用用途に応じてデータを参照されることをお勧めします。

　今回のこの本で紹介するデータは男女計で約2,800万人の全国平均の産業計サンプルデータですので、データとしてもかなり信頼性が高いものであると思います。

　これらのデータには地域別や業種別、従業員9人までの規模とか参考にしていただけるデータがかなり紹介されております。また様々な職種の時給単価のデータも掲載されております。これらのデータから社長さんの業種の賃金水準がある程度見えてくると思います。民間の企業で、日本の労働人口の約4割の約2,800万人近いデータを集計するのは大変難しいのではないかと思っております。

　この表の中で、決まって支給する現金給与額とは、労働契約、労働協約あるいは事業所の就業規則などによってあらかじめ定められている支給条件、算定方法によって6月分として支給された現金給与額になります。現金給与額には、基本給、職務手当、精皆勤手当、通勤手当、家族手当などが含まれるほか、超過労働給与額も含まれております。

　次に所定内給与額とは、決まって支給する現金給与額のうち、超過労働給与額を差し引いた額、いわゆる残業代を除いた額ということになります。簡単にいえば、決まって支給す

る現金給与額が残業代を含む支給総額、所定内給与額がそこから残業代を控除した額であると、考えれば理解しやすいのではないかと思います。

　年間賞与その他特別給与額とは、昨年一年間における賞与、期末手当等特別給与額であり、いわゆるボーナスであります。

　いかがでしょうか、図表6のデータでみると日本の10人以上産業の所定内賃金は40歳から44歳で328,000円というデータがでてきます。これがある意味残業代を除く「世間相場連動型」基本給であります。検索条件をあなたの会社の規模・業種・地域に合わせて調べればあなたの会社の世間相場が見えてくると思います。

　このデータがわかれば、先ほどの4つの視点から、自社の基本給が見えてくるのではないでしょうか。

3　正規・非正規との賃金制度における違いとはなにか？

　一般的には正規雇用は、原則として雇用期間の定めがなく、所定の労働時間がフルタイム勤務で、直接雇用の形態のことをいいます。一方、非正規雇用とは、法律用語ではなく、正規従業員雇用以外の働き方をすべて指すものと考えられています。パート、アルバイト、契約従業員などがこれに該当します。

別の視点で考えれば、正規は定年まで働けるのに対して、パートなどの非正規は雇用期間が定められている雇用形態であるともいえなくはないと思います。

　賃金制度での視点で考えるならば、非正規雇用の賃金は与えられた仕事に対して賃金を決めるのに対して、日本の会社の多くの正規雇用はその人の持っている能力で決める賃金の考え方が、一般的ではないでしょうか。わかりやすくいえば非正規は仕事に対して人がつくのに対して、正規雇用はその人の能力や人に対して仕事が与えられるということではないかと思います。

　なので、与えられた仕事内容で、時給1,000円とか時給1,500円とか決まる非正規雇用の賃金は、ある意味欧米のような仕事基準の賃金制度であります。従って職種が変われば、賃金も変化していくことになります。

　ところが、日本の多くの会社は、新卒採用のしくみにみられるように、入社してその人の能力のアップに従って賃金が上昇して定年を迎えるというもので、職種に限定されず、その会社の仕事をこなしていくという日本独自の雇用形態であります。

　この能力をどのように判断し、いわゆる職能資格制度に落とし込んでいくかということが、多くの日本の賃金制度の課題であります。

　様々な考え方の本などが紹介されておりますが、結局のと

ころ、正しい回答というものは存在しないのではないでしょうか？　結果的にその会社がうまくいっていればその制度がその会社の正解ではないかと思います。

　以上のように、非正規と正規では、雇用に対する考え方や、賃金の決め方においても考え方の違いがあります。

　この本では、従業員10人未満の小さな会社を想定しておりますので、社長さんがどこかのコンサルタントに研修を受けないと理解できないような、賃金制度は考えておりません。社長の頭の中にある賃金制度を、いくらかでもこの本で形にできればと思っております。従って現在あなたの会社が、今の賃金制度でうまくいっているのであれば、あえて、変更する必要はないかもしれません。

　よく、お聞きするのがどこかの賃金コンサルタントの指導を受けて何百万円も経費をかけて新しい人事制度を導入したが結果的に現在は運用していませんといったお話です。やはり、仕組みが複雑すぎてしまうのではないでしょうか？　人を評価するというのは、実に難しいことなのです。

　この本では第2章で具体的な誰でも理解できるシンプル賃金制度を解説しますので、よろしくお願いいたします。

4 労働時間と社会保険と扶養控除の関連性による 103万・106万・130万・150万・201.6万の 5つの壁をどう考えるか？

　前節で非正規と正規雇用の賃金の考え方の違いについて記載しましたが、社会保険と税法上の扶養家族の考え方も大きく違ってきております。

　社会保険と税法の考え方がわかりにくく、十分理解されている社長さんは非常に少ないのではないでしょうか？

　この本では、小さな会社の社長さんが是非おさえておいてほしいポイントをまとめてみたいと思います。

○税法上扶養のポイント

　夫の年収1,095万円以下（給与収入のみのケース）

　妻のパート収入が103万円以下、150万円以下又は201万6,000円以上で、夫の所得税控除額38万円が対象になるかどうか相違してきます。夫が納めるべき税金の金額がパートの収入によって変わってきます。

○社会保険上の扶養のポイント

　妻のパート収入が原則130万未満のとき家計を支える夫の勤め先の健康保険や厚生年金の被扶養者になれます。ただし、一般正規従業員の1週間の勤務時間と1カ月の勤務日数が、それぞれ4分3以上のときは勤務先の社会保険加入の対象になりますので、130万円未満でも該当しないこともあり

ます。

　また、2022年の10月からは101人以上の会社では、パート収入が105万6千円以上になると、原則社会保険加入対象者になりましたので、社会保険の被扶養者にはなれなくなってきました。

　2年後には51人以上の会社が対象となりますが、この本の読者の大半は小さな会社の経営者だと思われるので、社会保険の扶養となるパート収入は当分の間は130万円と考えていただいていいのではないかと思います。

　妻が夫の扶養になっているケースを記載してきましたが、夫が逆に妻の扶養になっているケースもありますのでご理解のほどお願い申し上げます。

　社会保険の被扶養者になるということは、本人の健康保険料や国民年金の保険料負担が免除されるということであります。この関係を一覧表にすると次の図表7になります。

図表7　所得税、住民税の控除一覧と社会保険の扶養パート収入基準

控除の種類	妻のパート収入	夫の所得税控除額 （　）は住民税の控除額	社会保険被扶養者加入におけるパート収入
配偶者控除	103万円以下	38万円（33万円） 住民税は各市町村によって若干相違することがあります。	
配偶者特別控除	103万円超 150万円以下	38万円（33万円）	106万円未満（原則101人以上の事業所）
	150万円超 155万円以下	36万円（33万円）	130万円未満（原則100人以下の事業所）
	155万円超 160万円以下	31万円（31万円	
	160万円超 166.8万円未満	26万円（26万円）	
	166.8万円以上 175.2万円未満	21万円（21万円）	
	175.2万円以上 183.2万円未満	16万円（16万円）	
	183.2万円以上 190.4万円未満	11万円（11万円）	
	190.4万円以上 197.2万円未満	6万円（6万円）	
	197.2万円以上 201.6万円未満	3万円（3万円）	
	201.6万円以上	0円（0円）	
扶養のメリット		税法上の扶養となることにより夫の所得税控除が相違する	被扶養者になることにより健康保険料、国民年金保険料が免除となる

　上記の表を見ていただければ、パート収入で150万円以下であれば夫の配偶者特別控除額は38万円と、変わりません。ただし、130万円以上となると社会保険に加入しなければな

らなくなってきます。なので、扶養の効果を最大限に活かすとすれば、100人以下の会社では130万円の壁になってくるのではないでしょうか。103万円を超えるのでパートさん自身にも若干の所得税と住民税が発生してくることはご理解していただきたいと思います。それもいやだという事であれば、やはり103万円の壁ということになってくるのではないでしょうか。

　ここでわかりやすい事例を一つ紹介させていただきます。

　　　○サラリーマン夫（50歳）年収500万円

　　　○パート収入の妻（45歳）年収102万円（月々8.5万円）

　　　○中学生の長男1人（15歳）長女1人（14歳）年収0円

　　　このケースでパートの妻の収入が年収144万円（月々12万円）になったとき

（妻への影響）

　社会保険加入となるため社会保険料約24万円

　所得税　約1万円

　住民税　約2万円（各市町村において若干相違することがあります）

　ざっくりですが社会保険料、所得税、住民税の合計約27万円ほど負担額が増加します。

（夫への影響）

　150万円未満なので夫の税金計算上の控除額38万円は変わりません。

妻が扶養から外れるため、勤務先から家族手当１万円支給されていれば、支給されなくなることもあります。

　従って、妻の年収が102万円から144万円に42万円増加しましたが、増加した妻の負担分27万円と夫の減少した家族手当12万円の合計39万円の控除をプラスマイナスすると３万円の増加にとどまります。ただし、会社で夫が家族手当などの支給をうけていなければ、15万円の増加となります。

このように、妻の収入アップだけでなく、夫の影響等も総合的に考慮して、パート時間をどうするべきか検討するべきであると考えます。ここのところのポイントを社長さんにはよく理解していただきたいと思います。

　以上のように、非正規雇用と正規雇用の違いとして、税法上の扶養と社会保険上の扶養の相違点など、よく理解したうえで、雇用対策をしていくべきであります。

　すべてのケースで上記の事例が該当するわけではありませんが、非正規雇用と正規雇用の賃金制度を考えていくときには、十分上記のようなケースを頭の中に入れておかなければならないのではないかと思います。

5　賃金以外のコストはいくらか、そして、人件費率とは？

　次に、賃金制度を考える時には、その1として、賃金以外の、賃金額に連動した社会保険料についても社長さんは理解しておかなければならないと思います。

　社会保険料は、賃金の支給総額で決まってきます。

　次の東京版の保険料額表をみていただければ、本人負担分と会社負担分の金額がご理解いただけると思います。厚生年金については、全国一律であります。

図表8　2022年3月分（4月納付分）からの健康保険・厚生年金保険の保険料額表

・健康保険料率：令和4年3月分～ 適用　　・厚生年金保険料率：平成29年9月分～ 適用
・介護保険料率：令和4年3月分～ 適用　　・子ども・子育て拠出金率：令和2年4月分～ 適用

（東京都）　　　　　　　　　　　　　　　　　　　　　　　　　　　　　　　　　（単位：円）

標準報酬		報酬月額		全国健康保険協会管掌健康保険				厚生年金保険料（厚生年金基金加入員を除く）	
				介護保険第2号被保険者に該当しない場合 9.81%		介護保険第2号被保険者に該当する場合 11.45%		一般、坑内員・船員 18.300%※	
等級	月額	円以上	円未満	全額	折半額	全額	折半額	全額	折半額
1	58,000		63,000	5,689.8	2,844.9	6,641.0	3,320.5		
2	68,000	63,000 ～	73,000	6,670.8	3,335.4	7,786.0	3,893.0		
3	78,000	73,000 ～	83,000	7,651.8	3,825.9	8,931.0	4,465.5		
4(1)	88,000	83,000 ～	93,000	8,632.8	4,316.4	10,076.0	5,038.0	16,104.00	8,052.00
5(2)	98,000	93,000 ～	101,000	9,613.8	4,806.9	11,221.0	5,610.5	17,934.00	8,967.00
6(3)	104,000	101,000 ～	107,000	10,202.4	5,101.2	11,908.0	5,954.0	19,032.00	9,516.00
7(4)	110,000	107,000 ～	114,000	10,791.0	5,395.5	12,595.0	6,297.5	20,130.00	10,065.00
8(5)	118,000	114,000 ～	122,000	11,575.8	5,787.9	13,511.0	6,755.5	21,594.00	10,797.00
9(6)	126,000	122,000 ～	130,000	12,360.6	6,180.3	14,427.0	7,213.5	23,058.00	11,529.00
10(7)	134,000	130,000 ～	138,000	13,145.4	6,572.7	15,343.0	7,671.5	24,522.00	12,261.00
11(8)	142,000	138,000 ～	146,000	13,930.2	6,965.1	16,259.0	8,129.5	25,986.00	12,993.00
12(9)	150,000	146,000 ～	155,000	14,715.0	7,357.5	17,175.0	8,587.5	27,450.00	13,725.00
13(10)	160,000	155,000 ～	165,000	15,696.0	7,848.0	18,320.0	9,160.0	29,280.00	14,640.00
14(11)	170,000	165,000 ～	175,000	16,677.0	8,338.5	19,465.0	9,732.5	31,110.00	15,555.00
15(12)	180,000	175,000 ～	185,000	17,658.0	8,829.0	20,610.0	10,305.0	32,940.00	16,470.00
16(13)	190,000	185,000 ～	195,000	18,639.0	9,319.5	21,755.0	10,877.5	34,770.00	17,385.00
17(14)	200,000	195,000 ～	210,000	19,620.0	9,810.0	22,900.0	11,450.0	36,600.00	18,300.00
18(15)	220,000	210,000 ～	230,000	21,582.0	10,791.0	25,190.0	12,595.0	40,260.00	20,130.00
19(16)	240,000	230,000 ～	250,000	23,544.0	11,772.0	27,480.0	13,740.0	43,920.00	21,960.00
20(17)	260,000	250,000 ～	270,000	25,506.0	12,753.0	29,770.0	14,885.0	47,580.00	23,790.00
21(18)	280,000	270,000 ～	290,000	27,468.0	13,734.0	32,060.0	16,030.0	51,240.00	25,620.00
22(19)	300,000	290,000 ～	310,000	29,430.0	14,715.0	34,350.0	17,175.0	54,900.00	27,450.00
23(20)	320,000	310,000 ～	330,000	31,392.0	15,696.0	36,640.0	18,320.0	58,560.00	29,280.00
24(21)	340,000	330,000 ～	350,000	33,354.0	16,677.0	38,930.0	19,465.0	62,220.00	31,110.00
25(22)	360,000	350,000 ～	370,000	35,316.0	17,658.0	41,220.0	20,610.0	65,880.00	32,940.00
26(23)	380,000	370,000 ～	395,000	37,278.0	18,639.0	43,510.0	21,755.0	69,540.00	34,770.00
27(24)	410,000	395,000 ～	425,000	40,221.0	20,110.5	46,945.0	23,472.5	75,030.00	37,515.00
28(25)	440,000	425,000 ～	455,000	43,164.0	21,582.0	50,380.0	25,190.0	80,520.00	40,260.00
29(26)	470,000	455,000 ～	485,000	46,107.0	23,053.5	53,815.0	26,907.5	86,010.00	43,005.00
30(27)	500,000	485,000 ～	515,000	49,050.0	24,525.0	57,250.0	28,625.0	91,500.00	45,750.00
31(28)	530,000	515,000 ～	545,000	51,993.0	25,996.5	60,685.0	30,342.5	96,990.00	48,495.00
32(29)	560,000	545,000 ～	575,000	54,936.0	27,468.0	64,120.0	32,060.0	102,480.00	51,240.00
33(30)	590,000	575,000 ～	605,000	57,879.0	28,939.5	67,555.0	33,777.5	107,970.00	53,985.00
34(31)	620,000	605,000 ～	635,000	60,822.0	30,411.0	70,990.0	35,495.0	113,460.00	56,730.00
35(32)	650,000	635,000 ～	665,000	63,765.0	31,882.5	74,425.0	37,212.5	118,950.00	59,475.00
36	680,000	665,000 ～	695,000	66,708.0	33,354.0	77,860.0	38,930.0		
37	710,000	695,000 ～	730,000	69,651.0	34,825.5	81,295.0	40,647.5		
38	750,000	730,000 ～	770,000	73,575.0	36,787.5	85,875.0	42,937.5		
39	790,000	770,000 ～	810,000	77,499.0	38,749.5	90,455.0	45,227.5		
40	830,000	810,000 ～	855,000	81,423.0	40,711.5	95,035.0	47,517.5		
41	880,000	855,000 ～	905,000	86,328.0	43,164.0	100,760.0	50,380.0		
42	930,000	905,000 ～	955,000	91,233.0	45,616.5	106,485.0	53,242.5		
43	980,000	955,000 ～	1,005,000	96,138.0	48,069.0	112,210.0	56,105.0		
44	1,030,000	1,005,000 ～	1,055,000	101,043.0	50,521.5	117,935.0	58,967.5		
45	1,090,000	1,055,000 ～	1,115,000	106,929.0	53,464.5	124,805.0	62,402.5		
46	1,150,000	1,115,000 ～	1,175,000	112,815.0	56,407.5	131,675.0	65,837.5		
47	1,210,000	1,175,000 ～	1,235,000	118,701.0	59,350.5	138,545.0	69,272.5		
48	1,270,000	1,235,000 ～	1,295,000	124,587.0	62,293.5	145,415.0	72,707.5		
49	1,330,000	1,295,000 ～	1,355,000	130,473.0	65,236.5	152,285.0	76,142.5		
50	1,390,000	1,355,000 ～		136,359.0	68,179.5	159,155.0	79,577.5		

※厚生年金基金に加入している方の厚生年金保険料は、基金ごとに定められている免除保険料率（2.4%～5.0%）を控除した率となります。

加入する基金ごとに異なりますので、免除保険料率および厚生年金基金の掛金については、加入する厚生年金基金にお問い合わせください。

◆介護保険第2号被保険者は、40歳から64歳までの方であり、健康保険料率（9.81%）に介護保険料率（1.64%）が加わります。
◆等級欄の（ ）内の数字は、厚生年金保険の標準報酬月額等級です。
　4(1)等級の「報酬月額」欄は、厚生年金保険の場合「93,000円未満」と読み替えてください。
　35(32)等級の「報酬月額」欄は、厚生年金保険の場合「635,000円以上」と読み替えてください。
◆令和4年度における全国健康保険協会の任意継続被保険者について、標準報酬月額の上限は、300,000円です。

具体的に保険料の仕組みをみていきたいと思います。

仮に手当込みで30歳男性を30万円の賃金で採用したときは次のようになります。

　図表8の表の報酬月額の一覧の中で、30万円は290,000円
以上〜310,000円未満の区分に該当します。その時の一番左
の標準報酬は22：健康保険（19：厚生年金）等級で、月額
300,000円となっております。

　保険料はこの300,000円に40歳未満なので、介護保険第2
号被保険者に該当しない場合の9.81％を掛けた額の1／2の
14,715円が本人負担部分の保険料となります。その金額が一
覧表として掲載されております。ちなみに厚生年金保険料率
は18.3％であります。従って健康保険と厚生年金では9.81％
プラス18.3％で合計28.11％となってきます。この半分の
14.055％が会社負担になりますので、ざっくりですが、社会
保険に加入している従業員の賃金には、支給賃金の約14％社
会保険料の経費負担が発生している事実をしっかり理解して
いただきたいと思います。

　賞与にも先ほどの、保険料率がかかってきます。

　先ほどの報酬月額の一覧で290,000円から310,000円と幅が
あり、この幅の中でしたら、保険料は変わりません。賃金決
定のときはこの辺まで、考えて決定すれば、社会保険料の低
減にはなってきますので、考えるべき視点の一つではあると
思います。

　毎年4月・5月・6月で支払われた賃金を、毎年算定基礎
届として、年金事務所に申告します。その毎月の平均でその
年の9月からの社会保険料が決定されるという流れになって

おります。

　従って、4月・5月・6月の残業などを極力減少させて賃金を少なくしておくことも、社会保険料低減対策としては非常に重要な取組の一つであると思います。なかなかここまで、しっかり管理してやっている会社は非常に少ないのが実態ではないでしょうか。

　その2の賃金以外のコスト対策としては、あなたの会社の従業員全員の賃金人件費が、売上高などの指標に対して、どのような水準にあるか、分析する必要があると思います。

　わが社の人件費の比率は同業他社からみて、多いのか少ないのかで、経費の振り分けを考えることも必要ではないかと思います。少ないのであれば、昨今のインフレ、物価高に合わせて、賃金の引き上げやインフレ手当などの対応が必要となってくるのではないでしょうか。

　ここで、具体的に考えてみたいと思います。人件費を考えるには次の3つの考え方があると思います。

　それぞれの計算式は以下のとおりです。

　①　**売上高人件費率＝（人件費÷売上）×100**

　②　**売上総利益人件費率＝（人件費÷売上総利益）**
　　　×100

　③　**労働分配率＝（人件費÷付加価値）×100**

　「売上高人件費率」は、3つの計算式の中では簡易的に算出しやすい式と言えます。

　売上高に変動費の外部費用（原価）が含まれており、人件費と変動費は連動しないので、正しい人件費率を算出しにくいというデメリットもありますが、この本では小さな会社の社長さんを主な対象としているので、算出しやすい①売上高のうちどれくらいの金額を人件費が占めているかという指標で考えてみます。できれば②③の分析もできればさらにベターであると思います。

　そのため、計算式は以下のようになります。

人件費率（％）＝人件費÷売上×100

　この計算式のうち、人件費に含まれるのは以下のようなものです。

・給与、賞与、各種手当
・退職金（退職一時金、退職年金）の引当金
・法定福利費（社会保険料や労働保険料の会社負担分）
・福利厚生費（慶弔金や社員旅行費などの法律が規定していないもの）
・現物支給による通勤定期券、社宅などの費用

[**具体的な事例**]

　コンサルタント業

　　売上高　1億円

　　社長　役員報酬　70万円

　　従業員　7人仮に平均給与　30万円

　　ざっくり計算してみます。

　　　　　　人件費　給与30万円×7人×12カ月＝2,520万円

　　　　　　役員報酬　70万円×12カ月＝840万円

　　　　　　社会保険　3,360万円×14％＝470.4万円

　　　　　　労働保険料2,520万円×0.85％＝21.42万円

　　　　　　　　　　　合計3,851.82万円

　　　　　　人件費3,851.82万円÷1億円＝38.51％

　いかがでしょうか？　このレベルの計算であれば多忙な社長さんでもイメージできると思います。

　経常利益などから労務比率の計算も重要だと思いますが、経理が苦手な社長さんであれば、売上に対する計算方法が一番理解しやすいのではないでしょうか。

　一般的には業種別平均人件費率は図表9のようだといえます。

図表9　売上に対する業種別平均人件費率

飲食業	30％～40％	クラブなど人間に頼るものは50％～60％、そばうどん40％
宿泊業	およそ30％	ホテルや施設で30％
建設業	15％～30％	建設規模でも相違がある
製造業	10％～50％	製造するものによって人件費は大きく変化する
サービス業	40％～60％	経営コンサル業はおよそ40％、パチンコ店はおよそ5％、訪問介護などは60％以上、介護60％
卸売業	5％～20％	化粧品卸売15％、木材卸売10％
小売業	10％～30％	販売している商品によっても相違がある、コンビニ10％

※ TKC のデータを参照して著者作成

　このデータから分析すると、今回の事例の会社の売上高人件費率はコンサル業の40％の平均的な水準であることがわかります。

　この比率が30％とかであれば、賃金を引き上げるなどの対策が必要となってくる目安になってくるのではないでしょうか。

　また、私の持論ですが、小さな会社の社長さんで、決算書がある程度読み込める人は、2割にも満たないと感じています。大半が顧問税理士任せになっているのが現状ではないでしょうか。

　そうだとすると、社長さんは少なくとも3級程度の簿記は勉強して理解しておくべきではないかと思います。自分の会社の経営課題が今まで以上に浮彫になってくると思います。

経営はよく人・モノ・カネと言われますが、カネの部分は社長さんが決算書を読み込めるようになるかどうかで、状況は大きく変化してくるでしょう。また人の部分は労働基準法などを、ある程度理解すれば補われると思います。

　賃金引上げなどについては、顧問税理士さんにも十分ご相談されることをお勧めします。

6　同一労働同一賃金による正規と非正規の手当や賞与に関する労働判例

　2018年7月6日に交付された働き方改革関連法のスケジュールは図表10のように進んでおります。

図表10

働き方改革関連法施行スケジュール						
項目	2019年4月	2020年4月	2021年4月	2022年4月	2023年4月	2024年4月
年次有給休暇の5日間取得義務（共通）	⇒					
労働時間の上限規制（中小企業）		⇒				
労働時間の上限規制（大企業）	⇒					
高度プロフェッショナル制度（共通）	⇒					
医師面接見直し・時間把握（共通）	⇒					
同一労働同一賃金（中小企業）			⇒			
同一労働同一賃金（大企業）		⇒				
賃金債権時効延長（別法案共通）		⇒				
月60時間超割増率引き上げ（中小企業）					⇒	
限度基準適用除外見直し（共通）						⇒

　年次有給休暇の2019年4月からの5日付与の義務化から約3年が経過しました。読者の社長さんの会社は、労働時間上限（100時間未満）規制など対応も進んでいますでしょうか。

　賃金制度として考えなければいけないのが、2021年4月からの同一労働同一賃金の対応ではないでしょうか？　中小企

業も対象になりました。

　この同一労働同一賃金で有名な判例ハマキョウレックス事件（最高裁平成30年6月1日判決労判1179号20頁）があります。これは運送会社との間で期間のある雇用契約を締結していた労働者の賃金について、正社員に支給されている無事故手当、作業手当、給食手当、通勤手当が支給されないことは同一労働同一賃金の原則を定める旧労働契約法20条に違反しているとされた判例です。

　具体的な内容は下記のとおりです。

　正社員と契約社員の賃金体系は図表11のような状態で、ある意味どこの会社でもあるような賃金体系です。

図表11　ハマキョウレックス事件の賃金体系

正社員と契約社員

正社員

賃金項目	金額	備考
基本給		年齢・勤続・職能給
無事故手	10,000円	
作業手当	10,000円	全員一律
給食手当	3,500円	
住宅手当	5千円又は2万円	
家族手当		
皆勤手当	10,000円	
通勤手当	5,000円	
賞与		有
定期昇給		有
退職金		5年以上勤続

契約社員

賃金項目	金額	備考
基本給	1,150円	期間給
通勤手当	3,000円	係争中に5,000円相違解消
賞与		原則無
定期昇給		原則無

　この相違が裁判となり図表12のように判断されたわけであります。

図表12　ハマキョウレックス事件

契約社員

賃金項目	1審	2審	最高裁
住宅手当	○	○	○
皆勤手当	○	○	×
無事故手	○	×	×
作業手当	○	×	×
給食手当	○	×	×
通勤手当	×	×	×

○　正社員と同条件で支払う必要なし（不合理ではない）

×　支払うべき（不合理である）

判断要素は下記のような内容でした。

① 職務の内容等

業務の内容および業務の責任の程度に相違なしであり、契約社員には配転・出向の定めなし、就業場所変更も予定なしで契約社員には等級制度なしという職務内容

② 正社員と同一の権利を有することの主張について

法の効力で正社員の労働条件と同一になるものと解することはできないという考え方

③ 各手当についての相違が、職務内容等を考慮して不合理と認められるか否かを検討すべきとされた

［個別手当の判断理由］

○住宅手当

正社員は全国転勤前提のため、住宅費補助の必要性あるが、契約社員は全国転勤ないため、住宅費補助の必要性なし

→ 不合理ではない（払う必要なし）

○皆勤手当

手当の目的（勤続奨励による出勤者確保）は無期・有期で事情が異ならない

→ 不合理である（払う必要あり）

○無事故手当

安全運転や事故防止の必要性は無期・有期の間に相違はない

→ 不合理である（払う必要あり）

○作業手当

特定の作業を行う対価としての手当。職務内容等が無期・有期間で異ならないので手当の必要性は両者にあり

→ 不合理である（払う必要あり）

○給食手当

食事に係る費用補助が目的。勤務時間中に食事を取るとの必要性は無期・有期間で異ならない

→ 不合理である（払う必要あり）

○通勤手当

通勤に要する費用補填が目的。無期・有期の間に通勤に
関する費用に相違はない

　　　→　不合理である（払う必要あり）

　以上、代表的な、最高裁の判例を記載しましたが、社長さ
んはどのように感じられましたか？　基本的には正規と非正
規で同一の仕事内容をさせているならば、手当等の処遇の格
差は認められないということであります。格差を設けるので
あれば、仕事の責任度合いや内容等に明確な格差があるとい
う事が条件であります。

　従って小さな会社のパートさんなどの非正規雇用について
は原則手当など明確な職務が相違しないような状況であれ
ば、手当など格差はあまりない雇用契約にしていくべきでは
ないかと思います。

　ここで念のため賞与支給の判例を一つ紹介したいと思いま
す。

大阪医科薬科大学事件最高裁判決

　令和2年10月13日、無期雇用である正職員に対して賞与を
支給する一方、有期雇用であるアルバイト職員に対して賞与
を支給しないことが、不合理な待遇差であり旧労働契約法20
条に違反するかどうかが争点となった裁判において、最高裁
判決が下されました（最高裁令和2年10月13日判決労判1175
号5頁）。

本件最高裁判決は、アルバイト職員に対し賞与を支給しないことは、不合理な待遇差にはあたらず、旧労働契約法20条には違反しないという判断を示しました。

　本件最高裁判決は、話題となり、大きな注目を集めました。本件最高裁判決の前審である大阪医科薬科大学事件（第２審）大阪高判平成31年２月15日（以下「本件高裁判決」と記載します）が、アルバイト職員への賞与の不支給が不合理な待遇差であり旧労働契約法20条に違反すると判断していたにもかかわらず、本件最高裁判決によって逆転した判断がなされたということも、注目された原因の１つではないかと思います。

　このような判例がでておりますが、私はアルバイト職員にもいくらかは支給するべきではないかと思います。

　元々賞与とは日本では古くは江戸時代に商人がお盆と年末に奉公人に配った「仕着」（夏は氷代、冬は餅代とも）が由来といわれています。賞与としての最古の記録は1876年（明治９年）の三菱商会の例があります（江戸時代に、近江商人の西川家が、賞与を年に２回与えていたという記録もあるらしい）。

　当初は欧米のシステムと大差のないシステムでしたが、第二次世界大戦後のインフレーションで労働運動が高揚し、生活のための出費がかさむ夏と冬に生活保障的な「一時金」としての性格を帯びるようになり、１回につき月給の0.5〜3

カ月分が支払われるようになりました。これは多くても0.5
〜1カ月分といわれている欧米の賞与（ないことも多い）に
比べると非常に特異であると言える制度となっております。
日本の労働組合は「○カ月分」という横並び的な交渉しかし
ないため、ボーナスは硬直化していて、日本型雇用と密接に
関わっている日本のボーナス制度は個人の独自性、創造性、
生産性が問われるような現代において時代遅れの感があるの
も否めない事実であると思います。

　ですので、非正規雇用労働者でも、業績のいい方は、正社
員と遜色のない賞与を支給することも今後は必要ではないで
しょうか。

　ただし、賞与や退職金については、最近の判例などみてい
ても手当ほど同一労働同一賃金を求めていないように思われ
ます。

7　世間相場連動型基本給の決定のステップと その流れ

　図表6（22頁）の日本の産業計のデータはデータを入力す
ると図表13のように表示できます。

図表13 令和3年賃金構造基本統計調査（産業計、10人以上、男女学歴計データより）

(所定内給与額)

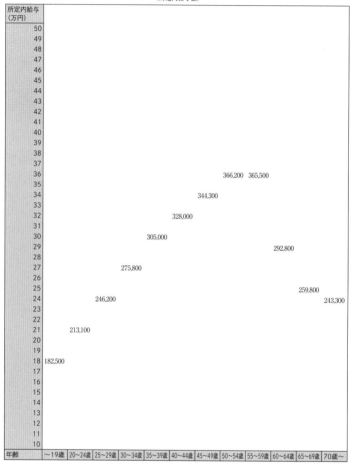

所定内給与
（万円）

| 年齢 | ～19歳 | 20～24歳 | 25～29歳 | 30～34歳 | 35～39歳 | 40～44歳 | 45～49歳 | 50～54歳 | 55～59歳 | 60～64歳 | 65～69歳 | 70歳～ |

データポイント：
- ～19歳：182,500
- 20～24歳：213,100
- 25～29歳：246,200
- 30～34歳：275,800
- 35～39歳：305,000
- 40～44歳：328,000
- 45～49歳：344,300
- 50～54歳：366,200
- 55～59歳：365,500
- 60～64歳：292,800
- 65～69歳：259,800
- 70歳～：243,300

　このデータをジックリ分析してみてください。自社の従業員の基本給をこの図表の中にプロットしていただければ自社の、全国平均との比較が容易に理解できると思います。

　この所定内給与額には、職務手当とか通勤手当などの手当が含まれておりますので、このデータの金額が基本給データそのものではないことはご理解いただきたいと思います。図表６の表の中の決まって支給する現金給与額は、超過労働給与額いわゆる残業代が含まれているデータであるということは再度理解のほどお願い致します。

　賞与についても同じように分析すると図表14のようになります。

図表14　令和3年賃金構造基本統計調査（産業計、10人以上、男女計学歴計データより）

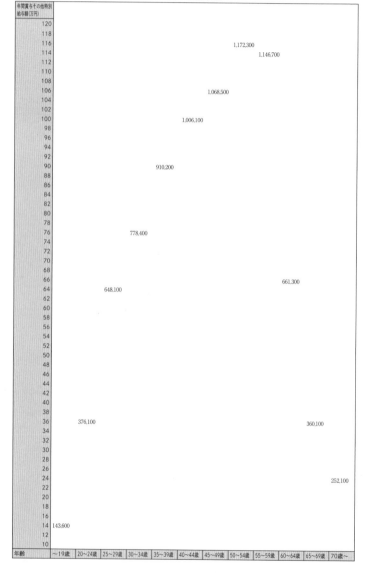

（年間賞与その他特別給与額）

　いかがでしょうか？　自社の賃金水準と比較するとその違いとその特徴がよく理解できると思います。

　今回は、賃金センサスのデータを活用していますが、その他で信頼できるデータがあればそのデータを活用すればいいのではないかと思います。

　先ほどのデータと自社のデータを比較すれば、図表 2（16頁）の 4 つの視点から、御社の世間相場連動型基本給の目安は比較的簡単に導きだすことができるのではないでしょうか？

　賃金額を決めるのに様々な考え方がありますが、この本は一番シンプルでわかりやすい考え方で進めていきたいと思います。ここで複雑な職能資格制度を考えると難しく、大変分かりにくい制度となってしまうケースが大半ではないかと思います。

　この 4 つの視点（従業員さん、世間相場の賃金、最低賃金、自社の賃金バランス）の中でインフレや物価高に対して賃金をどの水準にしていくのかを決定していくことになってくると思います。

　次章で具体的な一体型賃金基準表に進んでいきたいと思います。

8 これからの正規・非正規労働者の雇用には雇用契約書は不可避

　小さな会社において今後は非正規雇用で採用するときも必ず雇用契約書の作成をお願いしたいと思います。

　労基法では雇用時に労働条件通知書などの交付が義務づけられておりますが、小さな会社では実態としてまだまだ口頭での契約になっているケースが多いのではないかと思います。読者の会社では雇用契約書やパートなどの1年更新時には必ず雇用契約書などを再度交付しておりますか？　しっかりできている会社はまだまだ少ないのが小さな会社の実態ではないかと思います。

　ここの取扱いは労働基準法には次のように定められております。

労働基準法　第15条

　「使用者は、労働契約の締結に際し、労働者に対して賃金、労働時間その他の労働条件を明示しなければならない。この場合において、賃金及び労働時間に関する事項その他厚生労働省で定める事項については、厚生労働省で定める方法により明示しなければならない。

2　前項の規定によって明示された労働条件が事実と相違する場合においては、労働者は、即時に労働契約を解除することができる。

　3　前項の場合、就業のために住居を変更した労働者が、契約解除の日から十四日以内に帰郷する場合においては、使用者は、必要な旅費を負担しなければならない」

　このように、雇用する時は新たに労働契約を締結するわけでありますので、労働条件の明示が必要になってきます。

　今回提案の世間相場連動型基本給によって賃金を決めるとか、一年ごとの更新であれば、そのことを明示しておくことが、後で話が違うなどというトラブル防止のためにも重要です。法律に定めがあるなしに関わらず、労働条件は契約書に定めておくべきであると思います。

　巻末の資料に雇用契約書の雛形がありますので、参照していただけたら幸いです。

　労働基準法では原則として「書面の交付」が義務付けられていますが、明示事項について、労働者の希望がある場合に限り、ファクシミリ、電子メール等の送信による明示も認められております。ちなみに書面の交付等によらなければならない事項は次の6項目であります。

　①　労働契約の期間

　②　有期労働契約を更新する場合の基準

　③　就業の場所・従事する業務の内容

　④　始業・終業時刻、所定労働時間を超える労働の有無、休憩時間、休日、休暇、交代制勤務をさせる場合は就業

時転換に関する事項

⑤　賃金の決定・計算・支払いの方法、賃金の締切・支払いの時期に関する事項

⑥　退職に関する事項（解雇の事由を含む）

パート労働者・有期雇用労働者の場合はさらに

　①昇給の有無　②退職手当の有無　③賞与の有無　④相談窓口（相談担当者の氏名、役職、相談部署等）

などとなっております。

まとめ

　インフレ対策にも通じる世間相場基本給の考え方をベースにして、同一労働・同一賃金に対応した賃金制度を小さな会社も考えていかなければならない時代がやってきた。

第**2**章

世間相場連動型基本給を
どのように自社の
賃金制度に落とし込むか？

1 マズローの欲求5段階説とはなにか
（労務管理の基本では）

人事制度に関すること、例えばどうして頑張っているのに賃金は上がらないのかとか、賞与、退職金などのお金にからむことについては、従業員が最も気にするところなので、しっかり社長さんの考えを明確にすることが、重要であると思います。また、従業員のモチベーションアップ対策にも大きな影響をあたえるかと思います。

このことを考える上で、大変参考になるものとして、アメリカの有名な心理学者アブラハム・マズローの5段階欲求説を紹介していきたいと思います。社長さんの中には既に知っているよと思っている方も多いと思います。それほど有名な学説でいろいろな分野で活用されております。この学説は人事制度を考えていくうえでは、ベースになってくるので、私は大変参考になると思っております。なので、労務関係の本の出版のおりは必ず紹介しております。

ニーズ（欲求）が満たされると、さらに
高次のニーズが高まる

自己実現
自分の能力を発揮して創造的活動をしたい

承認欲求
他者から価値ある存在と認められたい

親和欲求
他者と関わりたい、集団に帰属したい

安全欲求
生命に関するものを安定的に維持したい

生理的欲求
空腹、睡眠など、生命を維持したい

図表15　マズローの欲求 5 段階説

　マズローが唱えた欲求 5 段階説では、図表15のように、人
間の欲求は 5 段階のピラミッドのようになっていて、底辺か
ら始まって、 1 段目の欲求が満たされると、 1 段階上の欲求
を志すというものです。生理的欲求、安全の欲求、親和の欲
求、承認の欲求、自己実現の欲求となります。
　まず、生理的欲求と安全の欲求は、人間が生きる上での衣
食住等の根源的な欲求であります。人事制度でいえば、失業

していた人が、やっと就職できたとかいう状況であります。従ってこの段階の人はとにかく賃金がいくらもらえるかが、一番重要な課題になります。ですからこの段階の方の人事対策としては、賃金の多い少ないが最大の関心ごとになってきます。従って求人はこのことを考えて、いい人材を募集したいと思えば、世間相場より高めの賃金で求人票を職安に提出するといった戦略が導きだされます。

その欲求が満たされると次の欲求である親和の欲求は、他人と関わりたい、他者と同じようにしたいなどの集団帰属の欲求であります。この段階の人は人事制度でいえば、入社3〜4年目の従業員が該当してくると思います。

先輩従業員の方に早く一人前に認められたいと考えている状態で、給料などの人事制度において、当社は世間並みの水準かどうかなど、賞与はどれくらいかなど気にしてくるようになると、モチベーションアップには賃金だけでなく、仕事の権限や、達成感などを与えるなどの従業員の教育訓練がさらに必要になってくる段階かと思います。前節で説明したように、職務手当などの手当は、少なくともこの段階前後からの導入がベストではないかと思います。

そしてその段階も達成すると、次の欲求は、承認の欲求と言われるもので、自分が集団から価値ある存在として認められ、尊敬されることを求めてくる、いわゆる認知欲求が起きてきます。人事制度でいえば、仕事もベテランになり、課

長、部長といった地位に目覚めてくる段階ではないかと思っております。ですから、この段階の従業員はお金よりむしろ役職がモチベーションアップに影響を与えるのではないかと思います。従って、この段階前後から少なくとも役職手当を支給するといったことがベストの戦略になってくると思います。

　そして、この段階の欲求も達成すると人は、自己実現の欲求という、自分の能力・可能性を発揮し、創造的活動や自己の成長を図りたいという欲求に成長してきます。人事制度でいえば、自分に権限を与えてもらい、あるプロジェクトをやり上げるなどになると思います。

　この段階の従業員は、お金よりむしろ仕事のやりがいがモチベーションにつながってくるのではないかと思っております。ひとつ気をつけなければならないのが、ここまでレベルが上がった従業員は、そうです社長さんが恐れていることです。独立してやがて自分のライバルになってしまうことが考えられます。

　いかがでしょうか？　従業員の人事制度はこのような、大局的な視点で、この従業員にどの段階の刺激を与えればやる気がおこるかを考えてやらないと、ただ賃金だけをアップしても効果がある人とそうでない人がいるということを考えながら、社長さんは人事制度全般のことを考えていかなければならないと思います。

また、昨今の企業倒産の状況をみると、企業の平均余命年数は23.5年のようです。社長さんの会社もある意味23年以上存続するかどうかわからないということであります。このような視点も踏まえて、マズローの５段階説をベースにした、図表16のようなマズローの欲求５段階説と職務の関連表を考えてみました。

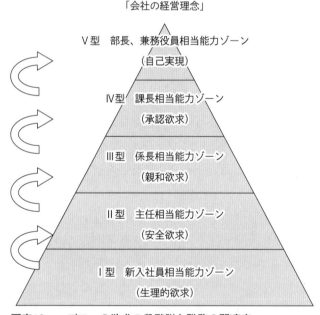

「会社の経営理念」

Ｖ型　部長、兼務役員相当能力ゾーン
（自己実現）

Ⅳ型　課長相当能力ゾーン
（承認欲求）

Ⅲ型　係長相当能力ゾーン
（親和欲求）

Ⅱ型　主任相当能力ゾーン
（安全欲求）

Ⅰ型　新入社員相当能力ゾーン
（生理的欲求）

図表16　マズローの欲求５段階説と職務の関連表

　この職務関連表を参照していただければ、マズローの欲求

５段階説との関係が一目でご理解いただけるのではないかと思います。注目していただきたいのは、この職務関連表を包括するものとして、経営理念があるということであります。個人が、５つの段階ごとに自己実現に向けて、職場を通して実現していくわけであり、個人の自己実現も会社の経営理念にそったものでなければならないと私は思います。

　経営理念など、うちのような会社で考えたこともないと言われる社長さんも多いと思います。実際なかなか経営理念をしっかり定めて経営している社長さんも確かに少ないのが現実であると思います。ですから、何も難しいことを考えるのではなく、普段から社長さんがこうしていきたいなと思っているようなことを紙に書き出し、とりあえずそれも理念にされてもいいのではないかと思います。なにか難しいことを考えるから、頭に浮かんでこないのではないかと思います。他社の物まねでもそれが自分はいいと思ったらそれでもいいと思います。たとえば「当社はお客様に価格・品質・安心感プラス感動を与えることを企業理念とし、社会の発展に貢献するものとする」などです。当事務所はシンプルに「共に感動と感謝の創造」を経営理念にしております。何となく決めたものでも、定めれば不思議です。何となく意識してくるものです。これは従業員さんも同様ではないかと思います。

　この図表16をみてください。一般的にこのような職務関連

表は一等級とか二等級とか分類されているケースがほとんどですが、私は等級で区分しないで、Ⅰ型やⅡ型と分類しております。これは、私はどの型が偉いとかそのような判断基準ではなく、社長さんが育成訓練することにより、どの型かに育てていくという考えで、何型かを決めていくべきだと思っております。

Ⅰ型の新入社員ゾーンからⅤ型の部長・兼務役員ゾーンへと段階を踏んでいくことになります。各ゾーンごとに役職を入れてありますが、なくてもいいと思います。小さな会社では、あえて大企業のように、5年で主任というようなかたちにしなくても、2・3年で主任などに任命してモチベーションを高めるというのも、小さな会社ならではの取り組みでいいのではないかと思います。昔から役職は人を作ると言われています。

このような一覧表は従業員も社長さんも分かりやすく、社長さんもこの表の中に、従業員の名前を記入していけば、社長さんの頭の中に、自社の組織バランスがハッキリとイメージできるようになるのではないかと思います。

それでは次に、非正規従業員も含めたⅠ型・Ⅱ型等の具体的な基準について考えてみたいと思います。

図表17　一体型職務基準表

職務レベル	職務基準要件	必要となる職務能力の知識	役職をつけるとしたら	滞留年数
Ⅵ型 定年再雇用者	与えられた仕事ができるか	○60歳定年時の業務ができるか ○体力的に問題ないか ○再雇用評価率で判断	シニア専門職	原則5年
Ⅴ型 自己実現の欲求	会社の方針を把握し、会社の社長の右腕としての立場でも仕事ができ、また社長に対して企画立案などのマネジメントもできる	○売上を上げることができる ○企画立案力 ○問題解決能力 ○責任感	部長 兼務役員	定年か退職まで
Ⅳ型 承認の欲求	会社の方針を把握し、会社全体の業務も十分遂行できるようになり部下の指導も十分できる	○売上を上げることができる ○指導力 ○リーダーシップが取れる ○リスク管理力	課長	4年から7年
Ⅲ型 親和の欲求	担当業務を十分に遂行できるようになり新入社員などに指導もできるようになる	○確実な行動 ○指導力 ○持続力がある	係長	3年から4年
Ⅱ型 安全の欲求	仕事の指示を受け、自らの創意工夫で業務がこなせるようになる	○正確な行動 ○持続力がる ○専門的技術	主任	2年から3年
Ⅰ型 生理的な欲求	新入社員として基本的な仕事を早く覚える	○素直な行動 ○持続力がある	新入社員	1年から2年
0型 パートなど非正規雇用	指示された業務ができる（与えられた職種で賃金額が決定）	○事務職　ⅰ型 ○工場作業員　ⅱ型 ○営業職　ⅲ型	非正規従業員	原則1年毎の更新契約

図表17の一体型職務基準表をみていただければわかるように、Ⅴ型に到達するのに、最短で10年になっております。これは、小さな会社では、退職まで平均勤続年数約12年であるからであります。

　一般的な人事の本は定年を前提に考えられておりますが、小さな会社では、12年で退職することも想定した人事制度でなければならないと思います。従って小さな会社のⅤ型の自己実現は10年ほどで達成できることが、より現実的な取り組みではないかと思います。

　また日本の会社の平均寿命は約23年と言われております。従って、小さな会社に18歳で入社し、定年まで会社が存在するかどうかもわかりません。

　なので、小さな会社の人事制度は、大企業とは違って20年前後を制度設計の目途として考えていくべきではないでしょうか。

　この基準表をじっとみれば、私の提案する人事制度のイメージができるのではないかと思います。いかがでしょうか？多くの人事の本は、資格制度についてあまりにも複雑で、様々なシートが必要になり、普通の人の頭には入っていかないほどの情報量となってしまうため、理解ができなくなってしまうのだと思います。そのため、人事制度をコンサルタントに数百万支払って作ったが、現在は運用できていないなど十分な運用がなかなかできなくなってしまうケースをよくお

聞きします。

　いかがでしょうか？　社長さんのお友達にも、そのような
ことをかつてお話されていませんでしたか？

　ここで、ある会社を想定して、非正規従業員でない正規従
業員の時の職務関連表を具体的に活用したいと思います。

「人事制度株式会社」

従業員　A　入社１年　23歳　（男性）新入社員レベルとに
　　　　　　　　　　　　　　　　かく仕事を覚える

　　　　B　入社２年　28歳　（男性）仕事が一人でできる

　　　　C　入社３年　35歳　（男性）忙しくても一人でで
　　　　　　　　　　　　　　　　きる

　　　　D　入社４年　34歳　（男性）新人に仕事を教える
　　　　　　　　　　　　　　　　ことができる

　　　　E　入社５年　40歳　（男性）仕事が一人でできる

　　　　F　入社８年　48歳　（男性）責任者として任せる
　　　　　　　　　　　　　　　　ことができる

　　　　G　入社10年　50歳　（男性）課長　企画マネイジ
　　　　　　　　　　　　　　　　メントもできる

　このような事例で職務表に名前を入社年数順に記入してい
きます。そうしますと図表18のような表になります。

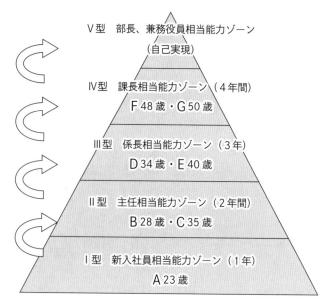

図表18　マズローの欲求５段階説と職務の関連表

「会社の経営理念」
理念例（共に感動と感謝の創造）

Ⅴ型　部長、兼務役員相当能力ゾーン
（自己実現）

Ⅳ型　課長相当能力ゾーン（４年間）
F48歳・G50歳

Ⅲ型　係長相当能力ゾーン（３年）
D34歳・E40歳

Ⅱ型　主任相当能力ゾーン（２年間）
B28歳・C35歳

Ⅰ型　新入社員相当能力ゾーン（１年）
A23歳

このケースでは、Eさんが、入社年数に対して仕事の達成度
が到達していないことがわかります。このようなときは、E
さんはⅡ型の位置づけになると思います。この表に現在の御
社の従業員さんをとにかく、入社順に記入していき、職務基
準表の判断で、個人ごとにグループ分けをしていけば、あな
たの会社の人事の特徴や問題点がすっきりわかるのではない
かと思います。グループ分けの基準や滞留年数は、参考のた

めに決めたものであり、御社の業態の特徴に合わせて決めていただければいいのではないかと思います。この事例の会社は従業員7人の会社で、比較的年齢的にも若い人材もおり、ベテラン層もいるということで、バランスのとれた人材構成ではないかと思います。

　従って、今いる従業員をいかに育て、上位の職務に育成していけるかがこの会社のポイントの一つではないかと思います。これが、ベテランで50代が多い会社であれば、採用という課題もでてくると思われます。このように表にしてみると社長さんの頭の中にあなたの会社の人事のポイント特徴がすっきりとしてくると思いますし、社長さんの頭の中にすっとこのイメージが入っていくと思います。この人事制度を賃金制度に連動させれば、より効果のある賃金制度になっていくと思います。

2　欲求5段階説をベースにしたシンプルな人事制度とは

　社長さん、この本のポイントの一つである、一体型職務基準表まで進んできました。巷の多くにはびこる人事制度の本では、ここまでくるのにも大変なエネルギーを消費すると思います。

　次は、人事制度では必ず出てくる、昇格昇給の基準である人事評価について考えてみたいと思います。私も色々な本で

人事の評価表を見ていますが、あまりにもいろいろな考え方があるので、わからなくなってしまいます。多くの社長さんで人事制度を考えたことが一度でもある方であればご理解いただけると思います。

　そこで、私の提案する人事評価は、人の評価ではなく教育訓練途上という達成度という視点で、考えていきたいと思います。

　基本的な、達成度の視点は以下の３つになります。

　　①勤怠達成度　　②能力達成度　　③業績達成度

　そして、達成度には、様々な項目がありますが、ウイルフレド・パレートという19世紀のイタリアの経済学者の法則で、有名な「80対20の法則」、わかりやすく言えば「経済的成果の８割は２割の仕事」を活用していきたいと思っております。これは少数の原因が結果の大部分に影響するという法則で、少数の原因に集中することで大きな成果をあげることができるという考え方で、パレートは統計資料を分析して人口の20％が国富の80％を所有しているということに気付いたのです。

　今日ではいろいろなところで活用されています。この法則を人事制度に活用することにより、これまで、人事制度の評価項目などで数多く取り組まれてきたことが、大幅に簡素化して運用ができるようになってくるのではないかと私は思っ

ております。

<h2>「その1　勤怠達成度」</h2>

　私の提案する、達成度の基準は一般的には人事評価項目はいろいろな内容がありますので、その中の上位の2割の項目を達成度の基準にして考えていきたいと思っております。この選択により、人事制度で多くの時間を使って作成してきた基準が、短時間で作成できることになります。

　一番目の達成度として①の勤怠達成度について考えていきたいと思います。

　勤怠評価というと図表19のような内容が一般的であります。

図表19

考課区分	考課要素	要素定義	評価
勤怠考課	規律性	上司の指示・命令など定められた規則や職場の業務規律等、組織人として守るべき事柄の遵守の達成度	
	責任制	自分に与えられた仕事および担当業務に関し、職務を全うするという強い願望と意欲姿勢の達成度	
	協調性	組織の一員としての自覚を持ち、自分の仕事および担当業務の範囲外において同僚・上司・に対しての協力や職場全体の運営にプラスとなる行動の達成度	
	積極性	自己啓発、改善提案など「今以上に」といった願望・姿勢の度合い又は計算された裏付けをもってリスク対策をする際の達成度	

この表を見ると、大きく4項目の勤怠の項目があります。

　これをさらに詳細に具体化していけば、更に評価項目が多くなってきてしまいます。ここで、私は、小さな会社の社長さんが、詳細まで考えて評価シートを作成している時間もあまりないと思いますので、思い切って、パレートの法則である「80対20の法則」を活用して、4項目を2項目だけに視点を絞って評価項目を達成基準として運用されたらいいのではないかと思います。

　この4項目の中で私は、規律性・責任制を新入社員のケースでは勤怠の達成度にすればいいのではないかと思います。規律性といっても具体的に当社では、朝の挨拶がしっかりできるとか、社会人としてお客様に不快感を与えない身だしなみをしているかとか、具体的に達成度を決定してもいいと思います。業種によって状況が違いますので、具体的事例まで考えて達成度を決定できればよりベターであると思います。

　小さな会社では、社長さんも仕事が多忙のため、人事制度をジックリ検討する時間がないのであれば、やや抽象的ではありますが、私のこの本で提案する、達成度基準でも十分かと思います。詳細基準に決定するにしても、パレートの法則である「経済的成果の8割は、2割の仕事」で基準は2個から3個に絞るということであります。絞らないと、一般的な人事の本にあるような、多種類の評価シートとなってしまい、小さな会社の社長さんでは運用できなくなってしまうと

思われます。

　勤怠評価は、基本的に新入社員ゾーンから主任ゾーンでは十分必要な項目かと思いますが、課長・部長ゾーンではむしろ不用の項目になってくるのではないかと思います。逆に業績達成度は、新入社員ゾーンでは不要かとも思います。

　また、私は、小さな会社の達成度は、A・B・C・D・Eのような5段階評価とか、出来る・普通・出来ないといった3段階評価が一般的ですが、小さな会社は、出来る・出来ないの2者択一方式がいいと思います。仮に普通とかいう項目を作るとどうしても人間は普通に評価してしまう傾向があります。これを一般的には、中央化傾向とよび、評価が中央（普通・標準）に集まりやすい傾向にあるということであります。そのようなことを防止する意味でも小さな会社はあえて出来る・出来ないで明確に達成度を決定して、社長さんも従業員さんも相互に分かりやすいシステムにするべきであると思います。その他の評価における陥りやすい傾向として寛大化傾向があります。これは部下の評価を高めにつけてしまう傾向であります。さらにハロー効果というものもあります。それは、効果者がある一つの面で優れている又は劣っていると、それが全体の印象になり、他の効果項目に影響を与えてしまうことなどがありますので、そのような評定誤差が少なくなるように努力しなければ、かえって従業員さんの不信にもつながってくるということも留意するべき視点の一つであ

ると思います。

　さらに、私の提案としては、この達成度により、昇給とか自分のゾーンが移動していくわけでありますので、一般的な評価のような70点とか80ポイントとか点数評価ではなく、ストレートに出来る・出来なかったで達成度を測定して、人事を行っていくべきではないかと思います。人というのは、70点とか80点とか点数をつけられるのは嫌な方が多いと思います。はたして、１点の差で昇格できないといったとき、納得できるでしょうか？

　むしろ、そのようなことより、パレートの２割の重要課題が達成できないのだから仕方がないと納得しやすいのではないかと思います。評価ではなく、社長さんがどれだけ、従業員を思い、励まし、育成訓練したかの結果が人事の達成度になる訳です。ですから、達成度が悪ければ、それは社長さんの教育訓練が良くなかったということになってきます。

　小さな会社の経営は社長さんの力量で９割以上決まるわけですから、出来ない従業員を叱っても仕方ありません。社長さんの指導不足ということになるのではないかと思います。また、社長さんが、このような、人事の考え方で従業員と接していくならば、私は必ず良好な人間関係になり、必ず業績も良くなっていくと確信しております。

「その2　能力達成度」

　次は能力達成度について考えてみたいと思います。

　一般的には多くの人事関係の本では図表20のような内容で紹介されております。

図表20

考課区分	考課要素	要素定義	評価
能力考課	知識	担当する仕事を遂行する上で必要な基本的理論・専門的・実務的知識の達成度	
	技能・技術	担当する仕事・業務をきれいに速く正確にできる基礎的・実務的・専門的技能また、担当する仕事や業務を正確に行うに必要な熟練された専門的技術の達成度	
	判断力	自分の目線で目標・経営理念に照らして必要な情報を収集し、自ら進むべき行動を的確に選択し得る能力の達成度	
	企画力	目標や経営理念を実現するために効果的な手段を企画する能力。何をすべきか判断し、具体的なプランと組み立てていくことができる能力の達成度	
	折衝力	仕事を進めるうえでお客様と交渉し、良好な関係を維持しつつ、理解納得させて、仕事を有利にしていく能力の達成度	
	指導力	部下が必要とする能力を発達させるため、効果的な教育訓練を行い職場内のやる気を高める能力の達成度	

図表20の表を考えてみますと、小さな会社では知識・技能を達成基準にすればいいのではないかと思います。企画力・折衝力は部長などの能力達成基準に対応すればいいのではないかと思います。能力の要件として、資格取得などがあれば、具体的にそのようなことを達成基準の一つに決定してもいいと思います。

　今日の日本の多くの大企業はこの能力測定に重点をおき、個人の能力を処遇のポイントとする職能資格制度を導入している会社が大半ではないかと思います。この制度は公務員とか、大企業で経済が右肩上がりの時代にはおおいに機能した制度でした。日本の年功序列制度と連動して、日本の人事の考え方の主流ではなかったかと思います。

　しかし、現在のような、先行き不透明な時代にあっては、機能しなくなってきているのも現実であります。これらの制度導入には多くが２年から３年かけて導入されております。また、コンサルタントに依頼すれば数百万円もかかるような内容であります。よくある話で、職能資格制度のセミナーを受講して、導入したが、ほとんどの中小企業の社長さんは、制度を作ったが運用できなかったというのが、よくある話であります。これは、軽４の車のエンジンで、3,000CCの自動車を運転するようなものです。うまくいかないのは当たり前であります。しかし、経営コンサルタントのお話を聞くと、人事の基本的な考え方を理解していないので、そうかなと思

ってしまうものです。

　いかがでしょうか？　この能力達成度も深く考えれば、大変な作業が必要になります。抽象的ではありますが、前記のような評価基準で、達成度基準を決定しても私は小さな会社ではそれがベストであると思います。会社が50人100人と大きく成長していけば、大手企業に準じた導入は必要かと思いますが、それまでは、私の提案する人事制度で十分であると思います。

「その3　業績達成度」

　次は業績達成度について考えてみたいと思います。

　一般的には人事の本には図表21のような内容が多いと思います。

図表21

考課区分	考課要素	要素定義	評価
業績考課	仕事の量	担当業務の業務結果としてのお客様の増大・売上アップの仕事の達成度	
	仕事の質	担当業務の業務結果におけるお客様からクレームのない感謝される度合い達成度	

　上記の表を見ていただきたいと思います。私は小さな会社では、仕事の質よりは仕事の量を達成基準にするべきではないかと思います。会社がある程度成長してきたならば、業績

達成度は仕事の質に転換していくべきではないかと思います。営業マンであれば、業績の判断は明瞭でありますが、工場とか事務であれば、個人としての生産性のアップとか事務の処理のスピードがアップしていれば業績として判断してもいいのではないかと思います。

　現在の日本の大企業では、この業績評価を人事制度のメインにして運用している会社も多くなってきております。

　私は小さな会社では、この業績達成度は部長等のゾーンで重要な人事考課になってくるのではないかと思っております。

　以上３つの勤怠達成度・能力達成度・業績達成度についてこれまで、比較的抽象的な視点で、考えてきました。

　社長さんの中には、もっと具体的な達成度の基準で考えてみたいという方もおられると思います。そこで、具体的な達成度とし図表22～24のように記載してみましたので、ご参考にしていただけたら幸いです。

図表22　「勤怠達成度　具体的な事例」

考課区分	考課要素	要素定義	評価
勤怠考課	規律性	○無断欠席・遅刻・早退はなかったか ○上司の指示命令には従っているか ○身だしなみ、服装は適切か ○挨拶はできているか ○お客様に丁寧に対応しているか	
	責任制	○仕事を最後までやりおえたか ○納期・時期は守っているか ○安易に上司にたよらないか ○問題意識をもって仕事をしているか ○問題がおきたときどのようにしたか	
	協調性	○職場の人間関係を大切にしているか ○同僚の仕事を自発的に手伝っているか ○自分勝手な行動はないか ○同僚と役割分担は適切にできるか	
	積極性	○難しい仕事にも積極的にとりくんだか ○会議などで、よく発言しているか ○採算を意識して仕事をしているか ○与えられた以上の仕事をしようという姿勢があるか	

図表23　「能力達成度　具体的な事例」

考課区分	考課要素	要素定義	評価
能力考課	知識	○業務マニュアルを把握しているか ○仕事に必要な知識を習得しているか ○仕事に関連する規則・法令等を理解しているか	
	技能・技術	○仕事の仕方にムリ・ムダ・ムラはないか ○安心して仕事をまかせられるか ○仕事の効率化に、何か工夫したことがあるか ○正しいやり方で仕事ができるか	
	判断力	○同じことを何回も繰り返し質問しないか ○上司の指示命令を正確に判断できるか ○肝心なポイントは漏らさないで判断できるか	
	企画力	○自分の意見を簡潔に話せるか ○論旨がはっきりしているか ○文章の構成がしっかりしているか	
	折衝力	○お客様との対応がスムーズにできるか ○お客様の立場で考えることができるか ○お役様との契約をスムーズにできるか	
	指導力	○リーダシップをとれるか ○新人を教育訓練できるか ○自己啓発等自己研鑽に励んでいるか	

図表24 「業績達成度　具体的な事例」

考課区分	考課要素	要素定義	評価
業績考課	仕事の量	○資格等級にふさわしい仕事量をしたか ○規定時間内に業務をこなしたか ○迅速に仕事をこなしたか ○部下に営業指導ができるか	
	仕事の質	○取引先からクレームなどなかったか ○トラブル時には関係者に事実を正確に伝えたか ○仕事は正確であったか ○業務改善の提案ができるか	

　上記のように、社長さんのお仕事の内容によっては、具体的事例はもっと多種多様になるかと思います。このように、具体的にイメージできるのであれば、この具体的事例を達成度にして運営できれば、よりベターであると思います。

「その4　達成度の運用について」

　これまで解説した3つの達成基準をまとめると図表25のようになると思います。これは社長さんの判断でいろいろなケースが考えられると思います。

図表25 「各ゾーン達成度基準一覧」

	達成度		
	勤怠達成度	能力達成度	業績達成度
Ⅴ型		企画力 判断力	仕事の量
Ⅳ型		指導力 判断力	仕事の量
Ⅲ型	責任制 積極性	指導力 折衝力	仕事の質
Ⅱ型	規律性 責任制	知識 技術・技能	仕事の質
Ⅰ型	規律性 責任制	知識 技能・技術	

　一般的に人事制度の昇格の考え方には二つの考え方があります。

その一　卒業方式……これは現在の資格等級の要件を達成したとき昇格させるもの

その二　入学方式……上位基準の仕事ができると判断したときいわゆる役職があがるもの。

　一般的には昇進は入学方式、昇格は卒業方式が多いようです。私は小さな会社では、昇進も昇格も区別しないで、同じ意味で考えていけばいいのではないかと思います。

　また、小さな会社では、卒業方式で、人事を決定していく方が、現実的であり、納得性もあるとおもわれます。

　それでは、一例をあげて検証してみたいと思います。

　先程の人事制度株式会社のAさんとCさんとFさんについて考えてみたいと思います。

A　入社1年　23歳　（男性）新入社員レベル。とにかく仕事を覚える
C　入社3年　35歳　（男性）忙しくても一人でできる
F　入社8年　48歳　（男性）責任者として任せることができる

　Aさんは新入社員であります。現在Ⅰ型のゾーンですが、勤務達成度の規律性と責任性そして能力達成度の知識と技能の4要素の項目の達成度でほぼ、4項目とも出来ると社長さんが達成したと判断できれば、AさんはⅡ型のステージに移動できるということになってくると思います。4項目のうち2項目しか達成できなければ、毎年の昇給はするが、ゾーンはそのままになってくるということであります。4項目のうち1項目しか達成できなければ昇給もないということでいいのではないかと思います。

　Cさんであれば、現在Ⅱ型のゾーンでありますので。勤怠達成度は規律性と責任性、能力達成度は知識と技能、業績達成度は仕事の質の5項目の要素で判断することになってきます。Ⅱ型は滞留年数2年から3年でありますが、5項目がほぼ社長さんが達成できたと判断できれば、最短の2年でⅢ型

へ移動することになります。また毎年の昇給につては、原則
5項目のうち、4項目ができると判断できれば、昇給をさせ
るということになってきます。また、5項目のうち、1項目
しか達成できないと判断されれば昇給はなしという判断でい
いのではないかと思います。

　そして、Fさんのような課長であれば、指導力・判断力・
仕事の量が求められます。この3項目が達成できれば、自己
実現の部長になっていくわけですが、逆に、3項目全て達成
できなければ、Ⅲ型のゾーンに異動ということもある訳であ
ります。

　この本の事例のように、すべての達成基準ができて、ゾー
ン移動ができるとか、半分以上達成すれば昇給できるとか、
達成度が全滅の状態が継続すれば、以前のゾーンに移動する
とかの、何もこの本のように考えなくても社長さんのやり方
で決めていけばいいと思います。

　ただし、評価基準をクリアーしても役職については会社の
状況により判断する必要があります。

　このように、達成度基準で考えれば人事制度は大変分かり
やすいですし、賃金もそれにつれて連動させていけますの
で、経済変動に影響を受けやすい小さな会社では、大変理に
かなった運用が可能になってくるのではないかと思います。

　いかがでしょうか？　このように達成度基準による、人事
考課をしていけば、Aさんの今後の改善すべきところと、C

82

さんFさんの改善するところなどが明確になってくることになります。

　社長さんは、懇談のおりとか、日常のOJTの仕事の中で、改善点の教育訓練を日常の中で取り組んで、この考えの人事制度を賃金制度と連動させれば大変シンプルな賃金制度ができあがってきます。

3　様々な正規・非正規の雇用形態も同じ一体型賃金基準表で考える

　前節でシンプルな人事制度を提案しましたが、その制度をシンプルな賃金体系としてまとめた内容が図表26になります。

	O型	I型（新入社員）	II型（主任等）	III型（係長等）	IV型（課長等）	V型（部長等）	VI型（定年再雇用者）
	パートなど非正規雇用	原則20万円以上	原則22万円以上	原則24万円以上	原則26万円以上	原則31万円以上	再雇用評価率60%のとき 原則21.7万円以上
賃金基準表	（i型時給）1,072円（ii型時給）1,100円（iii型時給）1,150円	（総支給額）基本給 等 合計	（総支給額）基本給＋職務手当等 合計	（総支給額）基本給＋職務手当＋役職手当 合計	（総支給額）基本給＋職務手当＋役職手当 合計	（総支給額）基本給＋職務手当＋役職手当 合計	60歳時の賃金31万円のときに再雇用評価率を掛けた金額
滞留年数	任意	原則2年	原則3年	原則4年	原則7年	退職まで	原則5年
時給	1,072円以上	1,190円以上	1,309円以上	1,428円以上	1547円以上	1,845円以上	1,291円以上
世間相場	最低賃金 1,072円（東京）	～19歳 182.5千円	20歳～24歳 213.1千円	25歳～29歳 246.2千円	30歳～34歳 275.8千円	35歳～39歳 305.0千円	60歳～65歳 292.8千円

図表26　モデル一体型賃金基準表

この一体型賃金基準表の中の0型は非正規職員の部分であり、Ⅵ型は定年再雇用者の部分であります。

このように、非正規雇用から定年再雇用までを、区分しないで一体型で考えることが小さな会社では、シンプルでわかりやすく、従業員さんにも説明しやすのではないでしょうか。

0型とⅥ型は人事制度としては、非正規雇用と再雇用者の賃金ということで、与えられた仕事に対してできるかどうかで賃金を決めるため、前節の正規従業員さん人事制度の適用がなくてもできる仕事の内容に対して賃金額が決まってくるので、原則として問題ないと考えます。

それに対してⅠ型からⅤ型はその人の持っている原則能力等で決める賃金制度になるので人事における達成度において段階的に賃金が相違してくることになります。大変シンプルな職能資格制度ともいえなくないと思います。

外国人労働者のケースの時は、在留資格が留学で資格外活動許可を得ている者とか家族滞在のようなケースは、週28時間以内のパート・アルバイトといった0型の賃金基準表の適用者としていき、在留資格が技術・人文知識・国際業務のような専門性の高い資格のときは、原則日本人と同様の処遇が求められますのでⅠ型からⅤ型の賃金基準表の適用者ということで考えていけば、外国人労働者もこの基準表で対応可能であります。

　この表の世間相場のデータは図表6のデータを入れてあります。4つの視点である、「自社の賃金」と「最低賃金」と「世間相場の賃金」と「募集する方の希望条件」の4つの目線から、あなたの会社の賃金表まではいきませんが、何型になるかで変わる賃金額を表示してあなたの会社の賃金の将来イメージがわかるようになっております。

　新しく入社した人がこの会社に何年勤務したら、いくらくらいの賃金になるかわからないようでは、人材は育たないと思います。また退職につながってしまうと考えます。

　この表のⅠ型からⅡ型に移行するケースを考えてみたいと思います。

　人事制度に基づき、Ⅰ型からⅡ型に昇格できたならば、賃金は支給総額22万円以上にアップしていくことになります。

　ここで考える視点は基本給をベースに考えるか支給総額で考えるかですが、賃金センサスの世間相場の所定内給与額には残業代を除く通勤手当や家族手当などが含まれたデータであるのでⅠ型やⅡ型の20万円とか22万円は手当を含んだ金額であります。一般的に賃金制度は基本給の額を定めてその後その他手当の額を決めていくのが一般的かと思いますが、小さな会社では、支給総額を決めて、その後手当も決めて、基本給の額を定めていくとした方が、従業員もわかりやすいと思います。

　Ⅱ型になったらとにかく給料は22万円以上になると考えて

もらったほうがとにかくわかりやすいと思います。

　ちなみに基本給と手当割合は、大企業では90：10、中小企業では80：20で、平均的には（厚生労働省「就労条件調査」）85：15のようであります。従って20万円の支給総額であれば、手当の総額は最大で20万円の2割の4万円が一つの目途になってくるのではないかと思われます。実際どのような額にするかは、社長さんの考え方によってきまります。

　私は小さな会社こそ、手当の額の比率を多くして、物価高とかインフレに対応しやすい賃金制度がいいのではないかと思います。なぜなら、基本給は一端定めたならば、増額は簡単ですが、減額となると大変難しい問題になってくることが多々あります。

　次にⅡ型からⅢ型を考えてみたいと思います。役職的には主任から係長へ昇進であり、人事制度からはⅡ型からⅢ型への昇格であります。手当の内訳として職務手当、役職手当、通勤手当、家族手当などが考えられます。

　その手当の意味合いは、下記のように考えたらいかがでしょうか？

①　職務手当……この手当はその職種やその難易度によって定めるものとする。業務の人事制度で定めた達成度により、金額は原則変更するものとする。

②　役職手当……この手当は昇進により与えられた役職に

応じて支給されるもので、役職を離れた時は支給されない。

③　通勤手当……この手当は労基法上必ず支給しなければならない手当ではありませんが、日本の大半の会社は支給しております。厚生労働省の総合調査結果では従業員支払う通勤手当の相場は11,000円から13,000円で、実際の支給額は通勤方法などによって、相違してきます。

この通勤手当は税法上の非課税制度もあるため、大半の会社が導入しております。

なので、支給額は社長さんの考えで決まります。

④　家族手当……この家族手当の起源は、戦時中の賃金統制令下、急激な物価上昇への措置として、政府の後押しもあって普及してきた手当であります。この手当の採用率は大企業で80％（中労委調査）、中小企業も含めて65.9％（厚生労働省調査）となっております。

家族手当は、配偶者に対していくら、子供１人に対していくらと定めて支給する

ことが多くなっています。配偶者に対する手当の平均支給月額は1万〜1万5,000円、子供に対する手当の平均支給月額は3,000〜5,000円です。ただし、この手当金額は法的な制限がありませんので、これも社長さんの考え方で決まります。

以上4つの手当を紹介しました。小さな会社ではこの4つの手当で十分ではないでしょうか。

ただし、昨今のインフレ・物価高を考えるならば、次のインフレ手当も必要かもしれません。

⑤インフレ手当……この手当は急激な物価高に対する一時的な手当で、毎月の月額か一時金により支給するものとする。

帝国データバンクの調査によると、2022年11月現在の状況では、企業の12.3%がインフレ手当を一時金または月額手当で支給（支給予定）しているという調査結果がありました。一時金の平均支給額が53,700円（約7割の企業）月額手当の平均支給額が6,500円（約4割の企業）のようであります。

次はⅢ型からⅣ型の移行について考えてみたいと思います。

係長から課長への昇進のケースで、賃金も24万円代から26万円代にアップしていきます。この課長までの勤務年数が約

10年前後で昇進できる人事制度になっております。

　大企業では、課長になるまで22歳で入社して20年経過して40代になって課長に昇進といったケースではないかと思いますが、小さな会社では10年、優秀な従業員であれば、もっと短くてもいいのではないでしょうか。

　次にⅣ型からⅤ型の以降ですが、課長からいよいよ部長といわれる昇進です。部長昇進は入社から最短で約14年ほどの人事制度でありますが、小さな会社では、優秀な従業員はもっと短くてもいいのではないかと思います。Ⅴ型のケースでは仮に18歳で入社すると32歳で部長に昇進することが可能です。定年が60歳とすると28年間の長い期間が存在することになります。大企業ではない小さな会社では平均寿命23年と言われる中では、この仕組みでいいと思います。

　ただし、小さな会社が、成長し、50人・100人・200人の会社へと成長していくならば、今回提案の人事制度も、企業規模に合わせた定年を前提とした制度に変化していかなければならないと考えます。

　10人未満の小さな会社では、とにかくシンプルな人事制度と賃金制度が重要ではないでしょうか。

4　具体的なモデル賃金表を作成してみる

　この節では、前節のモデル一体型賃金基準表から、具体的な、18歳で入社した方のモデル賃金表図表27を作成してみた

図表27　モデル賃金表シミュレーション

（円）

	世間相場(月額賃金)	勤続年数	年令	基本給	勤続加算	職務手当	役職手当	通勤手当	家族手当	賃金合計	年収(賃金ベース)	賞与	世間相場(賞与)	年収(賞与込み)	世間相場(年収)
パート	最低賃金以上(1,072円)	有期契約期間	定め無し	1,072円(時給)				10,000	1日5時間1ヵ月21日労働のとき	122,560	1,470,720			1,470,720	
入社		1	18	180,000		10,000		10,000		200,000	2,400,000	400,000		2,800,000	
主任	182,500	2	19	182,500	10,000	10,000		10,000		202,500	2,430,000	405,000	143,800	2,835,000	2,590,000
		3	20	185,000	2,500	15,000	10,000	10,000		231,000	2,640,000	440,000		3,080,000	
		4	21	187,500	2,500	15,000	10,000	10,000		222,500	2,670,000	445,000		3,115,000	
係長	213,100	5	22	190,000	2,500	15,000	10,000	10,000		225,000	2,700,000	450,000	376,100	3,150,000	2,933,300
		6	23	192,500	2,500	15,000	20,000	10,000		237,500	2,850,000	475,000		3,325,000	
		7	24	195,000	2,500	15,000	20,000	10,000		240,000	2,880,000	480,000		3,360,000	
		8	25	197,500	2,500	15,000	20,000	10,000		242,500	2,910,000	485,000		3,395,000	
		9	26	200,000	2,500	15,000	20,000	10,000		245,000	2,940,000	490,000		3,430,000	
課長	246,200	10	27	202,500	2,500	20,000	30,000	10,000		262,500	3,150,000	525,000	648,100	3,675,000	3,602,500
		11	28	205,000	2,500	20,000	30,000	10,000		265,000	3,180,000	530,000		3,710,000	
		12	29	207,500	2,500	20,000	30,000	10,000		267,500	3,210,000	535,000		3,745,000	
結婚		13	30	210,000	2,500	20,000	30,000	10,000	10,000	280,000	3,360,000	560,000		3,920,000	
		14	31	212,500	2,500	20,000	30,000	10,000	10,000	282,500	3,390,000	565,000		3,955,000	
	275,800	15	32	215,000	2,500	20,000	30,000	10,000	10,000	285,000	3,420,000	570,000	778,400	3,990,000	4,088,000
		16	33	217,500	2,500	20,000	30,000	10,000	10,000	287,500	3,450,000	575,000		4,025,000	
部長		17	34	220,000	2,500	30,000	40,000	10,000	10,000	310,000	3,720,000	620,000		4,340,000	
		18	35	222,500	2,500	30,000	40,000	10,000	10,000	312,500	3,750,000	625,000		4,375,000	
		19	36	225,000	2,500	30,000	40,000	10,000	10,000	315,000	3,780,000	630,000		4,410,000	
	305,000	20	37	227,500	2,500	30,000	40,000	10,000	10,000	317,500	3,810,000	635,000	910,200	4,445,000	4,570,200
		21	38	230,000	2,500	30,000	40,000	10,000	10,000	320,000	3,840,000	640,000		4,480,000	
		22	39	232,500	2,500	30,000	40,000	10,000	10,000	322,500	3,870,000	645,000		4,515,000	
		23	40	235,000	2,500	35,000	50,000	10,000	10,000	340,000	4,080,000	680,000		4,760,000	
		24	41	237,500	2,500	35,000	50,000	10,000	10,000	342,500	4,110,000	685,000		4,795,000	
	328,000	25	42	240,000	2,500	35,000	50,000	10,000	10,000	345,000	4,140,000	690,000	1,006,100	4,830,000	4,942,100
		26	43	242,500	2,500	35,000	50,000	10,000	10,000	347,500	4,170,000	695,000		4,865,000	
		27	44	245,000	2,500	35,000	50,000	10,000	10,000	350,000	4,200,000	700,000		4,900,000	
		28	45	247,500	2,500	35,000	50,000	10,000	10,000	352,500	4,230,000	705,000		4,935,000	
		29	46	250,000	2,500	35,000	50,000	10,000	10,000	355,000	4,260,000	710,000		4,970,000	
	344,300	30	47	252,500	2,500	35,000	50,000	10,000	10,000	357,500	4,290,000	715,000	1,068,500	5,005,000	5,200,100
		31	48	255,000	2,500	35,000	50,000	10,000	10,000	360,000	4,320,000	720,000		5,040,000	
		32	49	257,500	2,500	35,000	50,000	10,000	10,000	362,500	4,350,000	725,000		5,075,000	
		33	50	260,000	2,500	40,000	60,000	10,000	10,000	380,000	4,560,000	760,000		5,320,000	
		34	51	260,000		40,000	60,000	10,000	10,000	380,000	4,560,000	760,000		5,320,000	
	366,200	35	52	260,000		40,000	60,000	10,000	10,000	380,000	4,560,000	760,000	1,172,300	5,320,000	5,566,700
		36	53	260,000		40,000	60,000	10,000	10,000	380,000	4,560,000	760,000		5,320,000	
		37	54	260,000		40,000	60,000	10,000	10,000	380,000	4,560,000	760,000		5,320,000	
		38	55	260,000		40,000	60,000	10,000	10,000	380,000	4,560,000	760,000		5,320,000	
		39	56	260,000		40,000	60,000	10,000	10,000	380,000	4,560,000	760,000		5,320,000	
	365,500	40	57	260,000		40,000	60,000	10,000	10,000	380,000	4,560,000	760,000	1,146,700	5,320,000	5,532,700
		41	58	260,000		40,000	60,000	10,000	10,000	380,000	4,560,000	760,000		5,320,000	
		42	59	260,000		40,000	60,000	10,000	10,000	380,000	4,560,000	760,000		5,320,000	
定年		43	60	260,000		40,000	60,000	10,000	10,000	380,000	4,560,000	760,000		5,320,000	
再雇用		44	61	208,000				10,000	10,000	228,000	2,736,000	456,000		3,192,000	
評価率60%	292,800	45	62	208,000				10,000	10,000	228,000	2,736,000	456,000	661,300	3,192,000	4,174,900
		46	63	208,000				10,000	10,000	228,000	2,736,000	456,000		3,192,000	
		47	64	208,000				10,000	10,000	228,000	2,736,000	456,000		3,192,000	
	259,800	48	65	208,000				10,000	10,000	228,000	2,736,000	456,000	360,100	3,192,000	3,477,700

いと思います。

　この表は18歳から入社して、60歳定年再雇用のモデル賃金表として作成したものです。世間相場のデータを入力表示すればザックリですが、世間相場のイメージがつかめるのではないでしょうか。そして前節の４つの視点から、自社の手当額そして基本給を決めていく形になります。

　今回活用の世間相場のデータは、10人以上の規模の労働人口の約４割の約2,800万人の方のデータを活用しておりますが、読者の社長さんの会社状況に合わせて、サンプルデータ数は少なくなりますが企業規模５〜９人のデータや、都道府県ごとの業種別のデータなど豊富なデータが、無料でいつでも賃金センサスから調べられます。自社のモデル賃金表を作成する際の世間相場のデータは、会社の規模・業種・地域により、世間相場のデータは会社ごとに相違してきます。それを図表27のようにデータを入力すれば、自社の賃金の水準が見えてくると思います。

　このモデルでは勤続加算として毎年2,500円基本給はアップしていく内容になっております。ある意味勤続年数により加算されるという平等な基本給になってきます。物価高、インフレ対応で昇給するときは、2,500円の昇給を5,000円の昇給にするとかの弾力的な対応がスムーズに実施できます。

　この基本給は、多くの職能資格制度の本で紹介されているような幾つかの等級により変化するのではなく、あくまでも

基本給は一本であります。それでは職種による違いはどうするのかですが、職務手当で、職種の内容や違いを決めるという形が一番わかりやすくシンプルな考え方かと思います。

　また、先ほどの物価対策としてインフレ手当や基本給のアップまでできないようであれば、この職務手当の金額を改定して引き上げていくといった対応も考えられます。

　昨今はジョブ型雇用がよく言われるようになってきました。ジョブ型の比率を高めるのであれば、この職務手当を４万円とか５万円にして基本給を調整すれば対応可能であります。また、このシミュレーションでは残業代が含まれていませんが、選択データが所定内給与額のデータを活用しているためであります。残業が多い会社で残業代込みで考えるならば決まって支給する現金給与額のデータを活用することをお勧めします。

　残業が多い会社では役職手当を固定残業代として支給するといった対応も可能であります。

　複数の賃金表で管理し、それに応じた人事制度をするから、多くの社長さんは、面倒になりわからなくなってしまうのではないでしょうか。従業員さんからみてもわかりやすいというのが小さな会社では必要ではないでしょうか。

　そして、人事制度に基づき、昇進すれば、役職手当がアップしてトータルで31万円の給料になりますというシステムが大変わかりやすい、賃金表にもなっていると思います。

　パートなどの非正規従業員は、原則あくまでも与えられた仕事に対しての報酬になるので、定期昇給とかはなく、契約更新時に、仕事の出来具合で賃金を引き上げて更新するかどうかという判断になります。

　それに対して、社員のケースは人の能力に対して報酬を支払っていくので、モデル賃金表のような賃金形態をとることになります。

　従って、正社員と非正規社員では、賃金の考え方が大きく違ってくるということをご理解していただきたいと思います。

　このような、モデル賃金表をみれば、非正規従業員の方も、自分も頑張って、正規従業員になってがんばろうという気持ちが涌いてくるのではないでしょうか。

　次に、約10年で課長、14年で部長という事ですが、私は小さな会社は大企業と違い、早めに役職を持たせるべきであると思っております。役職は人を作るともいわれております。

　大企業のように、部長になるのに30年もかかるというのでは、小さな会社では誰も目標にはなってこないのではないかと思います。

　このモデル賃金表では部長になって勤続20年を経過すると年収が世間相場よりもダウンしてきます。これは40代になると賞与は年間で世間相場が100万円を超えてきているからであります。モデル賃金表では年間賞与2カ月で単純計算して

いるからであります。なので、部長クラスになったなら、賞与は3カ月分で世間相場の実態に合致してきます。なので、部長クラス以上になれば、業績を賞与で大きく反映させて、実績があれば、年間4カ月とか業績に連動した賃金体系にすれば、世間相場よりも年収が高くなっていくモデル賃金になっていくのではないでしょうか。

　基本的には、小さな会社は平均寿命23年という、リスクがあります。なので、入社20年前後で部長とかなり、40歳では同業者よりも年収が高くなるといった考え方が重要ではないでしょうか。

　次にこのモデル賃金表は18歳からのシミュレーションになっております。それでは22歳で入社してきたらどうするかであります。小さな会社ではあまり学歴は関係なく、仕事の能力がポイントなので、学歴は基本的に関係なく、18歳入社1年目の賃金からスタートしていくという考え方でよろしいのではないかと思います。仮にその会社と同じ業務内容で、経験年数が、5年あり、十分期待できると判断できれば、勤続5年目の賃金からスタートしていけば、中途採用の賃金の決め方はある程度解決するのではないでしょうか。勤続5年目では役職手当10,000円になっておりますが、入社してまだ役職はないので、役職手当は役職が付くまで支給しない対応でいいのではないかと思います。

　これらの、モデル賃金の運用に対する考え方は、これが正

しいとかいった正解はないと思います。ですので、社長さんが、今ある会社の賃金制度が全く、基準がなければ、今回の私の提案したモデル賃金表を参考にしていただき、これは、自社で運用できると思えば、いくつかを参考にしていただければと思います。

しかし、現在しっかりした賃金制度があり、うまくいっているのであれば、それでいいのではないかと思います。その制度にいくらか参考にできるものがあれば幸いであります。

ただいえることは、社長さんがこのモデル賃金表のようなものを Excel で作成して、自社の従業員の6人か7人の将来の年収が我が社ではどうなっていくのかと、色々と格闘しながら分析してみることが非常に重要であるということです。

そのような時に、いくら人事コンサルタントに依頼しても、社長さんがどれだけ、自社の従業員の将来を真剣に考えていくのか、というベースがなければ、どのような人事制度もうまく機能しないと思います。

結局小さな会社では社長さんが格闘しぬいて、汗を流した血の通った、賃金制度が一番ではないでしょうか。

5　様々な雇用形態も正社員移行時には同じ人事制度の一体型職務基準表で職務レベルを判断する

前節でモデル賃金表をみていただきました。どのように思

われたでしょうか？　このモデル賃金表はあくまでもサンプルですので、御社の社長さんの考えに合わせて設計すればいいのではないかと思います。社長さんが汗して苦戦して、独自の賃金表を作成する中で、個々の従業員の家族状況や、将来の従業員の人生設計までしっかり考える中で、従業員さんにも理解していただける、モデル賃金表が出来上がっていくのではないでしょうか。小さな会社では大企業の職能資格制度のように、がちがちの制度ではなく、ある意味弾力性があり、随時見直しもされる賃金制度での運用が必要ではないかと思います。

　正規従業員における、職務基準表における、人事制度を図表17で提案しておりますが、パートなどの非正規従業員については、基本的に与えられた職務により、時給単価が採用時に決まり、その職務内容によりⅰ型・ⅱ型・ⅲ型と時給額が決まっていく内容いいのではないかと思います。

　ⅰ型は事務員、ⅱ型は工場作業員・ⅲ型は営業員といった基準で世間相場の賃金をベースにして、世間相場よりも多くするかそれとも同じような水準でいくかの判断が必要かと思います。

　時給の世間相場については巻末の厚生労働省の参考資料を参考にしていただけたら幸いです。ただし、このデータは年齢が一律のデータでありませんが、ある程度年齢ごとの世間相場はつかめるのではないかと思います。また、令和４年度

の地域別最低賃金の厚生労働省の答申一覧も掲載してありますのでご参考にしてください。

　正規従業員に転換希望で、正規従業員に移行したならば、入社1年目の職務基準表での人事制度の適用対象者になっていくという考え方でスムーズに移行できるのではないでしょうか。

　ただし、パート経験が長い人であれば、Ⅱ型への移行のケースにおいては最短の1年での移行もあることになります。

　次に定年再雇用者については、定年時の賃金の再雇用評価率で、再雇用の賃金がきまります。その結果、仕事の能力基準ではなく仕事基準で賃金がきまるので、正規従業員の職務基準法の対象者ではなくなります。非正規従業員と同様のできる仕事内容で賃金が決定されるという考え方になってきます。

　従って、前節モデル一体型賃金基準表図表26と一体型職務基準表図表17により、出来上がったモデル賃金表図表27により具体的な人事制度と賃金制度が従業員さんに理解していただけるようになってくると思います。

　モデル賃金表などにより、従業員さんに具体的に当社の賃金制度を理解していただき、この会社で今後も頑張って働いていこうと思える制度設計にしなければならないのではないでしょうか。

6 時給1,000円超時代突入、時給による
賃金制度がますます注目される時代到来か？

　最低賃金が今年も引き上げられ、東京は最低賃金1,072円で全国平均でも961円の時代になりました。

　なかでも、今年の引上げは過去最高のようであります。このペースでいけば3年後には全国平均でも1,000円を突破するのは時間の問題かと思われます。

　昨今のインフレ物価高では、この過去最高の引上げもまだ足りないというのが、一般的な感覚かと思います。

　東京であれば、最低賃金額が1,072円なので1日8時間で月21日勤務するという事であれば1,072円×8×21＝180,096円となります。

　月給であれば、通勤手当、家族手当、皆勤手当を除いて所定労働時間から計算した1時間の単価が1,072円を下回っていれば、これは最低賃金違反になります。

　この18万円という金額いかが思われましたか？

　地方では、この金額は正社員と同等の金額ではないでしょうか。

　この時給で支払う賃金制度は、労働時間が正規従業員よりも短い勤務条件の雇用であるならば、私はなんといってもわかりやすい決め方で、計算も単純で、残業代などの計算も簡単であると思います。ある意味この時給というのは、賃金の

支払いの計算方法としては、最もわかりやすく、合理的で、計算も簡単にできるなど、最も理にかなった制度ではないかと思います。

　月給であれば、毎月の勤務日数が異なるのに、賃金は同じであり、残業代の計算も変形労働時間制などを採用していると、複雑になってきます。

　アルバイト・パートさんのような非正規従業員で職種が決まっていて、勤務時間も短時間の方であればやはり、月給よりは時給がベストの賃金の決め方ではないかと思います。

　私は、なにも正規従業員は月給であるとしなくても、正規従業員であってもこの時給正規従業員制度というのは、あってもいいのではないかと思います。

　会社全員がこの時給で賃金を決めるとなると、勤務時間の管理がしっかりされておれば、残業代の計算も簡単であり、会社として休みの多いゴールデンウィークの５月とか夏休みの８月、正月の１月などは勤務時間が少ないので、人件費も少なくてすみます。

　会社の賃金制度としても、この時給単価をどのように社員ごとに決めていくかで、会社の賃金制度も非常に簡単な仕組みで運用ができるようになってきます、労働者の方も、自分の勤務時間がわかるので自分の賃金も簡単に計算できます。私も前職は保険会社でしたので、よく思ったものです。自分の賃金明細をみて何故このような金額になってくるのか、何

度明細をみても理解に苦しむ内容でした。

　この本の読者の社長さんで、以前大手企業に勤務経験のある方はご理解いただけると思いますが、自分の給料でありながら、何故このように支給されているのか理解できないといったケースは多々あるのではないかと思います。

　このように考えていくと、この時給という考え方は、非正規従業員さんだからという考えでなく、正規従業員さんにも導入することは、決しておかしいことでもありません。ある意味、この賃金というものが、経営者と従業員の間でガラス張りになり、もっとも不平不満のない合理的な賃金制度になってくることも考えられると私は思っております。

　是非、この本の読者である社長さんも、新しい会社をつくる時などは、私の提案の時給正規従業員制度というものもご検討いただければ幸いです。

　この時給正規従業員制度ですが、今後はこの本で紹介している職務基準表の０型の方で、職能資格制度によらない仕事給で時給又は基本給がきまる方が、正社員登用制度の対象となることで完全なジョブ型雇用も今後検討しなければならない時代になってきたのかもしれないと思います。仕事内容で賃金が決まるので、人事制度や賃金制度も大変シンプルな形で運用できるのではないでしょうか。ただし定年や社会保険などの福利厚生関係は正社員と同じであります。

7　賃金以外の感謝・成長などの 報酬の小切手が切られているか

　次は、従業員さんに支払う報酬であるお金の考え方についても記載したいと思います。ご参考になれば幸いです。

　私は、人が働いて得られる本当の報酬には、次の5つがあると思います。

① **感動**（お客様からありがとうと言って感動してもらえること）

② **お金**（豊かに生活をするため、昇給・昇格などの賃金による評価）

③ **成長**（去年よりも今年の自分が成長していると実感すること）

④ **信頼**（この仕事を通して、お客様に、同僚に社長さんに評価されていると思うこと）

⑤ **愛情**（社長さんの会社に勤務することにより得られることができる人間関係絆）

　このように考えると、毎月の賃金は、働いて得られる報酬の一部でしかないのではないかと思えなくもないと思います。上記のお金以外の報酬が従業員さんにはたして十分に与えられていたでしょうか？　もし、あまりないと思われたのであれば、明日からでもすぐできます。

　経費のあまりかからない、このような5つの心の報酬を従

業員さんにいっぱい渡す工夫をされるべきではないかと思っております。

　私の顧問先で従業員さんの賃金が世間相場から1割から2割ほど少ないにも関わらず、何故か退職する人が少ない会社があります。よく聞くとなるほどと思えるような、お金以外の報酬の小切手をいっぱい振り出しておられます。なるほどと思うことがあります。

　これらの5つの報酬を比較して分析すると、図表15（57頁）で解説したマズローの欲求5段階説といくらか連動してくるのではないかと思います。この5段階説については1970年に亡くなったマズローは死する前に、自己超越欲求（コミュニティ発展要求）人や街や国そして世界の幸せを求める利他的な欲求が6段階目にあると気付いたというエピソードがあります。この6段目があると仮定すれば、②のお金は安全の欲求　③の成長は自己実現の欲求　④の信頼と⑤の愛情は親和の欲求の延長線上に該当してくるのではないかと思います。

　これに対して①の感動は自分から与えられるものではなく、他者からの評価で与えられるもので、まさしくこれは、マズローの欲求5段階説のうえの6段階のステージになってくるのではないかと思います。

　よく、仕事をして一番喜べる瞬間はどのような時ですかと、聞くと、多くの方がお客様から感謝の言葉をいただいたとか、飲食店であれば、本当においしかった、満足したと言

っていただけたときなど、大半の方がこの仕事をしていて本当によかったとか、感動するようです。

　この事例のように、自己実現の欲求も達成していくと、その後最終的には6段階の欲求である自己超越欲求である利他的な行動をとるようです。よくテレビなどでも事業に大成功した方が社会に献金したり、社会貢献活動に乗り出していくケースなどは、私はまさしくこのマズローの6段階目の欲求である自己超越の欲求にほかならないのではないかと考えます。

　いかがでしょうか。5つの報酬をマズローの5段階欲求と連動して考えてみましたが、このような、欲求を如何に満たされるような職場にするかとなると、それはそれはなかなか難しいものがあると思います。逆にこれらの欲求が満たされれば、会社経営も順調に進展していくのではないでしょうか。

　別の見方をすれば、経営者がこの5つの報酬の小切手をいかに多く振り出すことができるかとも言えなくはないと思います。

　人事の世界ではよく当社は絶対主義とか相対主義で評価しますとよく言われますが、私は小さな会社では今回提案の一体型賃金制度も重要だと思います。しかし、ここに記載の5つの報酬の中でも①の感動の小切手いわゆるお客様から従業員さんが有難うと言ってもらえる小切手をいっぱい切ってや

れる職場にできるかどうかかが最終的には一番重要な考え方
の一つではないかと思います。

　昨今のような物価高、インフレ時に思うように賃金が引き
上げられないのであれば、お金以外の４つの報酬の小切手を
いかに多く切っていけるかどうかではないでしょうか。

8　自社の賃金水準はどのレベルなのか

　自社の賃金水準はどのレベルなのかは、従業員さんがよく
気にする視点かと思います。図表２（16頁）で４つの視点の
なかで、社長さんとしたら下記の３つの戦略が考えられます。

　その①　図表９（39頁）の人権費比率などからみて、積極
　　　　　的に人を採用していくのであれば、求人などでは
　　　　　世間相場より高めの賃金水準に設定する。
　その②　経営も安定して、収益もあり、現状維持を考える
　　　　　のであれば、世間相場と同じ賃金水準にする。
　その③　経営が赤字で、会社経営存続がやっとのケースで
　　　　　は、賃金水準は世間相場よりも低めの賃金水準に
　　　　　設定する。基本給の減額は基本的にできないの
　　　　　で、賞与などをどうするか。

　以上３つの選択が世間相場との比較の中で、検討しなけれ
ばならない課題であります。顧問先の多くの小さな会社の従

業員さんをみるとどこの従業員さんも「うちの会社の給料は低いから」と異口同音にお話しされます。

　社長さんとしたら、わが社は今回賞与をかなり支払ったと思っても、従業員さんがそのように思っていたとしたら社長さんとしてはこれほど寂しいことはありません。

　従って多く賞与を支払う時に図表14の業界の世間相場のデータを見せながら、うちはこの水準であると説明すれば今後はうちの会社の給料は低いとは言わなくなってくると思います。

　また、社長さんが自社の賃金水準について、なにか裏付けのあるデータなどで考えないと、自信をもって従業員さんに話はできないことになります。

　なので、モデル賃金表など、社長さんが汗を流して考えて作った制度でなければ、従業員さんの共感は得られないでしょう。賃金コンサルタントなどに賃金表など作成してもらって運用しても、社長さん自信が格闘してできた制度でないと、私は決してうまく運用はできないと考えます。

　この例でよくあるのが、以前賃金コンサルタントに数百万円支払って制度を作ってもらったが、現在は運用されていないといったケースです。従業員50人以上のある程度の規模の会社では総務担当者もおり、複雑な賃金制度の運用は可能かとも思いますが、10人未満の小さな会社で何から何まで自分でやらなければならない社長さんでは大変難しいと思われます。

9 会社が経営不振のときの賃金減額、昇給の仕組みについて

　小さな会社では、世間の景気の動向をまともにうける傾向があります。従って、昨今のコロナ禍、ウクライナの戦争などにより、売上に直撃するケースがあったときどうするかであります。

　基本的には賞与はどこの会社も必ず支給するとは定めていないので、一番目は賞与の支給額の調整になってきます。

　さらに、調整するときは、基本的には基本給は原則減額できないので、手当の調整になります。この本に紹介している職務基準表による昇格により支給される職務手当の調整を考えざるを得ないのではないでしょうか。従って、職務手当の支給額は会社の経営状態により変動することがあると就業規則に定めておくべきかもしれません。

　基本給の減額も考えられる対策ですが、下記の判例をみていただきたいと思います。

「東豊観光事件　大阪地裁　平成15.9.10」
概要と判決内容
会社の業績不振等を理由とする、固定給15％減額する旨の就業規則の変更は、経営状況、経営環境、組合等との交渉の経緯、他の従業員の対応等を総合的に考慮しても、これに同意

しない原告らが受忍せざるを得ないほどの高度の必要性に基づいた合意的なものとはいえず、本件賃金カットは効力を有しない。また、就業規則の変更による賃金の減額措置には、代償措置を講じた形跡がなく、経常収支などの黒字、経営状況や経営環境、および組合との交渉の経緯などに照らしても、原告らが賃金減額を受忍せざるを得ないほどの高度の必要性に基づいた合理的なものとはいえない。

となっております。賃金減額が認められたケースもありますが、基本的には賃金引下げの合理性と年収の10％未満であるかがポイントのようであります。

　従って基本給の減額は10％が限度であると考えるべきであります。

　基本的には先ほどの裁判例からも賃金の引下げは難しいものとして考えるべきであると思います。下げるとすれば、従業員さんに同意を得ることが、問題のない対応策になってくるのではないでしょうか。

10 昇給、賃金以外の賞与などの仕組みはどうすればいいか

　この本では、賞与については、月額支給の年間２カ月分としてモデル賃金表でシュミレーションしております。

　賞与については、月額支給の何カ月分とかポイント制に基

づいて評価を前提として支給するとか様々な考えがあります。

　ポイント制は、職能資格制度などにおいて、従業員さんの勤務評価が点数でカウントできる評価内容であれば、そのポイント数に、賞与単価として仮に1万円なら1万円の基準で評価ポイントが100点であれば100万円支給するという内容であります。大変わかりやすくていいと思いますが、この本の読者である小さな会社ではなかなか、点数による評価は難しいのではないかと思われます。

　この本では職務基準表で達成度という考えで、人事制度を回しているので、賞与に関しては、基本月額の何カ月分とかいう支払い方がわかりやすいのではないでしょうか。

　個人ごとの達成度において1カ月分とか1.5カ月分とか支給する金額を明示して運用することが大変わかりやすくいいのではないかと思います。

　特に部長等の管理職に移行したときは、賞与の支払いに業績配分を、若手以上にメリハリをつけて実施するべきではないかと考えます。

　モデル賃金表では、部長クラスになると賞与が年間2カ月では世間相場から若干少なくなってしまうので、業績次第では3カ月分4カ月分支給するといった取組も必要ではないかと考えます。3カ月分以上の支払いになれば、世間相場はクリアーできる賃金水準に到達します。

　いかがでしょうか？　賞与に対するザックリした考え方ですが、共感していただけたでしょうか。社長さんがうちはどの社員も一律で支給ということであればそれもアリであります。

　実務的には多くの小さな会社の支払い賞与を分析するとそのほとんどの会社が基本給の何カ月分とかの支払い方であります。小さな会社では、ある意味この一律方法が、わかりやすく、不公平感がなくベストな方法かもしれません。

　これはやはり、社長さんの経営戦略で決まるのだと思います。

11　人手不足時代の今日、高年齢者の定年再雇用における賃金制度はどう考えるか？

　日本の定年制度は、ざっくり分析すると約8割の会社が定年60歳で、再雇用が65歳までというのが、現状ではないかと思います。2021年4月の改正により、現行法上の65歳までの雇用確保義務に加え、65歳から70歳までの就業機会を確保するため、以下のいずれかの措置を講ずる努力義務が新設されました（高年齢者雇用安定法10条の2第1項）。

（対象事業主）
- 　定年を65歳以上70歳までに定めている事業主
- 　65歳までの継続雇用制度を導入している事業主

① 70歳までの定年引き上げ

② 定年制の廃止

③ 70歳までの継続雇用制度（再雇用制度・勤務延長制度）の導入

④ 70歳まで継続的に業務委託契約を締結する制度の導入

⑤ 70歳まで継続的に以下の事業に従事できる制度の導入

　A　事業主が自ら実施する社会貢献事業

　B　事業主が委託、出資（資金提供）等する団体が行う社会貢献事業

　※④と⑤を合わせて「創業支援等措置」といいます。

　その中でも④と⑤は直接の雇用ではなくなります。

　これまでは、60歳定年再雇用で、賃金が4割ダウンしても、雇用保険の給付である高年齢継続基本給付金とか、在職老齢年金の支給等があって、ほとんどの大手企業では、定年再雇用で4割ダウンの賃金制度が当たり前でした。しかし、在職老齢年金も65歳からの支給となり、昨今の人手不足も重なり、最近は、60歳再雇用でも、賃金水準はあまり変化なく再雇用している会社も多くなってきております。

　公務員もやがて定年が65歳に延長されます。そうすると民間の企業も現在は約8割が定年60歳ですが、やがて定年65歳

に推移していくのではないでしょうか。

　この本の賃金基準表では4割ダウンの表示をしております
が、7割でも9割でも社長さんの考えで決めればいいと思い
ます。

　再雇用で注意することは、定年再雇用はあくまでも一旦退
職して、再雇用となるので、賃金など新しく契約しなおすた
め、4割とか3割ダウンの賃金設計ができるということをし
っかり考えていただきたいと思います。

　そして本人が希望するときは、原則65歳まで雇用しなけれ
ばならないというのが、現在の法律内容であります。

　さらに先ほどの法律改正を紹介しましたが、2021年4
月からは、本人が希望すれば70歳までの努力義務ではありま
すが、雇用確保措置を取りなさいということになったわけで
あります。努力義務なので65歳以降の雇用の義務は現在のと
ころありませんが、やがて日本は70歳まで働くことは当たり
前の時代になっていくのではないでしょうか。

　ところで、具体的に考えると60歳時賃金が仮に30万円であ
った方は、以前は再雇用で4割ダウンの18万円の賃金とする
ことが当たり前でしたが、60歳前半の厚生年金が徐々に65歳
からしか受給できなくなってきたという状況もあるかと思い
ますが、昨今は再雇用時も同じ30万円の賃金で、60歳再雇用
でも変更なしという会社が増えてきました。最近では4割ダ
ウンの賃金設定にする会社が逆に珍しいといった状況になり

つつあります。この背景には、老齢厚生年金の65歳支給開始への移行と人手不足の深刻な状況が重なってきたことと、人生100年時代と言われるように平均寿命のアップによるものが大きな原因ではないかと思います。

　私の顧問先のある運送会社では、定年再雇用者は100％賃金の減額など行っておりません。

　まして、これまでは在職老齢年金のしくみにより働くことによる賃金と年金月額との合計が28万円を越えると年金が支給停止されましたが、2022年4月からはこれが47万円に引き上げられ、65歳以降の支給停止の仕組みと同じ取扱いになりました。

　従ってこれまでは、再雇用で賃金と年金月額との合計が40万円であれば、28万円に12万円オーバーしているので、老齢厚生年金を受給していれば、その半分の6万円の年金が支給停止となりましたが、上限が47万円になりましたので年金の支給停止はありません。男性の昭和36年4月2日以後生まれ（女性は5年遅れ）の方は老齢厚生年金が65歳支給になるので在職によるの調整については、今後は計算に含めなくてもいいのではないかと思います。ただし65歳以降は支給になるため、老齢厚生年金が仮に月額15万円とすると40万円＋15万円で55万円になりますので、47万円に8万円オーバーしますのでその半分の4万円が支給停止で老齢厚生年金は15万円マイナス4万円の11万円の支給という計算になってきます。た

だし、65歳から支給される老齢基礎年金については調整の対象外になりますので、支給停止の計算には含めません。

　このような年金制度の改正もあり、今後は賃金の3割4割ダウンのケースは益々少なくなってくるのではないかと考えます。

　定年再雇用者の賃金制度の提案はシンプルであります。

　仮に、手当も含めて定年前が月額30万円であれば、この総支給賃金額30万円を基準にして、再雇用後の仕事内容も60歳現在の出来ている仕事内容から評価して十分やってくれると判断できるのであれば、この30万円を再雇用の賃金としてはいかがかと思います。場合によっては1割アップの基本給33万円もあっていいのではないかと思います。

　次に、現存の職務内容が、社長さんの判断で仮に再雇用後70点の評価だとすれば賃金は21万円と決定すればいいのではないかと思います。

　ここで、大事なことは、老齢厚生年金は賃金月額約30万以下では年金との併給調整はほとんど考えなくてもいいので、60歳時点で冷静に仕事ぶりを評価して、職務のできる仕事の内容に応じて評価した賃金を決めることではないかと思います。

　ただし、50万円などの再雇用賃金では年金との併給調整のことの配慮も必要になってきます。

　これが、賃金月額15万円前後のパートさんなどの再雇用で

あれば、この賃金では、老齢年金の併給調整とか考える必要がないので、ストレートに仕事ぶりを80点と判断するのであれば、15万円の8割で職務給の賃金12万円と決めればいいのではないかと思います。ただし最低賃金を下回らないようにしなければなりません。

いかがですか、賃金は60歳や65歳などの定年時の賃金を基準額として定年時点の仕事ぶりが、100点か80点かはたまた110点で、その評価割合に応じた金額を再雇用の賃金と決定すれば大変わかりやすく、スムーズに運営できるのではないかと思います。

また、中には自分にはどうしても仕事ぶりを公正に評価できないという方もいると思います。小さな会社は経営者で経営が100％近く決まるのです。経営者が感じた評価が評価なのです。たとえば評価基準の一例として下記のような基準はいかがでしょうか？　基準は独自の判断で決めればいいと思います。

「再評価基準事例」

評価基準	再雇用評価率
常にできている	80％～110％
平均的にできている	60％～80％
できないことがよくある	40％～60％

　従業員さんから評価に対して反発があると思いますが、恐れてはいけないと思います。これが次章で解説するある意味ランチェスター法則の一騎打ち戦の決め方なのです。

　新基本給がきまったら、再雇用時に1年または6カ月ごとの更新で契約するか、65歳までの契約でいくかを決めればいいのではないかと思います。会社のリスクを考えれば、1年または6カ月ごとの更新契約がベターではありますが、調査によるとこの毎年の更新が高年齢者の再雇用者のモチベーションを大幅にダウンさせているようであります。

　いかがですか、この60歳時の賃金額を基準とした再雇用の職務給である賃金の考え方を、ご理解いただけましたでしょうか？　なにも迷うことはありません、60歳時点の働きぶりで賃金がきまるので、大変わかりやすくて従業員さんにも理解していただけるのではないかと思います。

　このように職務内容が定年時の賃金に対して、あなたの会社賃金レベルでどれだけの評価になるかの評価点を仮に**再雇用評価率**として定義して考えていったらいいのではないでしょうか。つまり、再雇用評価率80％ということであれば、現在支払っている賃金が50万円の賃金の方であれば、50万円×80％＝40万円の賃金になるということであります。

まとめ

　一体型職務基準表や一体型賃金基準表のような、非正規従業員と正規従業員を同じ制度の中で処遇する一体型の人事・賃金制度を導入することにより、非正規従業員さんの正規従業員へ転換希望も見込まれ、なんといっても小さな会社でもわかりやすいシンプルな人事・賃金制度が運用できる。

第 **3** 章

小さな会社の賃金制度は
どのような制度がベストか

1 ランチェスター法則とは
（誰でもわかるシンプルな経営戦略）

　この章では、経営の世界でよく活用されているランチェスター法則によるランチェスターの戦略から賃金制度の経営全体の中でのウエイトについて考えてみたいと思います。

　ランチェスターの法則とは下記の法則です。

　　（競争の法則、戦闘における力関係）
　第一法則　一騎打戦の法則
　　　（攻撃力＝兵力数（量）×武器性能（質））
　第二法則　間隔戦の法則
　　　（攻撃力＝兵力数の二乗（量）×武器性能（質））
　　　二乗がポイント　兵力数10対6は100対36の攻撃力
　　　に、格差は広がり続ける

　この法則はイギリス人のランチェスター先生が、戦闘における力関係を考察して、上記の内容の法則を技術雑誌に1914年に書いた記事からスタートしています。今では、いろいろな場面特に中小企業の会社の経営の世界でこの競争の法則が多く活用されております。日本では竹田陽一先生が、ランチェスター戦略を、さらにわかりやすく、分析して、説明されて本なども多数出版されております。

　この本の読者の社長さんも一度は竹田先生のことは聞いたことがあるのではないかと思います。

　一般的に第一法則は中小企業の戦略（いわゆる業界で１位以外の会社がとる弱者の戦略）、第二法則は大企業がとる戦略（いわゆる業界で１位の会社がとる強者の戦略）と考えればわかりやすいのではないかと私は思います。

　この弱者・強者という表現が気に食わないという方もおられますが、ランチェスター法則を理解しやすくするために表現しておりますのでご理解のほどお願いいたします。

　第一法則の戦略を活用するか、第二法則の戦略を活用するかは、その競争相手との力関係を考えてその都度選択して実施すれば、最も効果的な結果が期待できるものと私は思っております。

　その代表的な事例として歴史的にみれば、かつての戦国時代の若武者織田信長のお話がわかりやすいと思います。桶狭間の合戦で勝利したことは、あまりに有名なお話ですので社長さんもご存知かと思います。この勝利の戦略がまさにランチェスターの法則の一騎打ち戦そのものではないかと私は思っております。相手方の今川義元の約２万の大群にたいして、信長は約２千の兵隊で、今川義元のちょっとした、すきを狙って奇襲して勝利しております。もし、信長が第二法則の間隔戦の戦略で、真正面から正面衝突して戦ったならば、完敗していたと思います。まさしく局地戦における、一騎打

ち戦の戦い方で勝利したともいえるのではないかと思います。そもそも織田信長はこのようなランチェスター法則など知る由もないと思います。しかし、彼は本能的な勘で自然とこの闘いの戦略を実行したのだと思います。

この法則は、労務の世界でも十分応用のできる考え方であると思います。小さな会社で従業員10人未満の会社ということであれば、考え方の選択肢は第一法則の一騎打ち戦の法則の応用になってくると思います。

賃金・退職金制度というと、職能資格制度とか、賃金表とか、ポイント制退職金制度など様々な、取組みが連想されてきます。

私は、いわゆるランチェスター法則の視点から考えれば、これらの取組みの多くは強者の間隔戦の取組みになってくるのではないかと考えます。

それでは、弱者の戦略の一騎打ち戦の取組みとは具体的にどのようになるのかと多くの社長さんは思われたと思います。私は、従業員10人未満の小さな会社では、労務対策は複雑な職能資格制度とか賃金表のようなものもいらない、シンプルな、誰でもわかる単純な制度を考えることではないかと思います。従業員10人未満の会社が、大会社のような、複雑な賃金・人事制度を導入することは、聞こえは良いですが、軽4の自動車のエンジンで、大型の車を動かすようなものです。

　従って、従業員10人未満の小さな会社は賃金・人事金制度は画一化しないで、一対一の個別対応の考え方が対応できる制度内容が必要になってくると思います。

2 ランチェスター法則から考えれば、自社における賃金制度などの経営上のウエイトが見えてくる。いくら立派な賃金制度を作成してもそれだけで会社の業績は向上しない

　社長さん、賃金・退職金制度のことを考えるには、ランチェスター経営で有名な竹田陽一先生が、提唱されているように、経営の全体図をまず理解する必要があると思います。経営の全体図は、営業関連（53％）・商品関連（27％）・組織関連（13％）・財務関連（7％）のウエイト付けで考える必要があると私は思っています（図表28）。

　これも人間の体に置き換えてみればよくわかる話で、頭であったり、手であったり、足であったりと、どの体の部分もなくては駄目であり、人間の体には必要な要素であります。

図表28　「経営の構成要因」

①地域、客層、営業方法、顧客対応	53.3%	営業関連　80%	
②商品、有料のサービス	26.7%		
③人の配分と役割分担	13.3%	手　　段　20%	
④資金の配分と調達	6.7%		

この中で営業関連と商品関連の合計が経営全体の８割にもおよぶことを理解しなければなりません。多くの様々なコンサルタントの方が、幹部社員研修や従業員のモチベーションアップの研修とか、社内をもっとIT化しましょうとかそうすれば会社の業績を上げられますよということで切り込んできます。確かにどれも必要であると思い、つい多くの社長さんはやるべきかどうか悩んでしまっているケースが多々あると思います。しかしながら、多くの会社さんでお聞きすることは、研修後数日間は効果があったように思うが、その後は以前と変わらないといったお話をお聞きすることが多いのです。

　やはり、このことを考える上で一番重要なことは、「今は財務の見直しをする必要がある」とか、「従業員のやる気作りの研修がポイントである」等という課題は、経営の全体図から優先順位が見えてくるということだと思います。このことの理解が大前提ではないかと私は思います。

　例えば、商品関連が、27％以上の効果を上げているのであれば、その他の戦略を考えるべきであると思います。

　このような、視点で見ていくならば、賃金・退職金制度などは、前記の経営の全体図からみれば、組織関連③の中に該当します。比重で考えるのであれば、13％なのです。

　このようなウエイト付けを頭において自社の賃金・退職金制度をその他の要因との関連性のなかで運用していくことが

重要であると思っております。

　この考えが合っているかどうかといわれれば、なんともいえませんが、少なくとも私の知る限り従業員100人未満の会社であれば経営の全体図は、先程のランチェスターの法則から導きだされたものが、最も合っていると言えるのではないかと思います。何故なら、様々な会社でその証明がなされており、十分信頼できる経営哲学であると思うからです。

　その証拠に現在では多くの中小企業の社長さんにランチェスター法則は知られてきています。

　先程の経営の構成要因のウエイト付けを考えると、いかに立派な賃金・人事制度、職能資格制度を作成しても、経営の全体図から分析すれば、思うほど期待できるものではないことをご理解していただけるのではないかと思います。ですから、多くのコンサルタントが賃金・人事制度を改革して、従業員さんのモチベーションが上がれば、業績も上がるというのは、私は多少とも言いすぎなのではないかと思います。上がれば良いですが、ほとんどがそのようになったとお聞きしたことはありません。仮に上がるということであれば、多くの社長さんは会社経営に苦労せず、コンサルタントに賃金・人事制度を改革してもらえばいいことになってきます。

　いかがでしょうか？　私は従業員10人未満の会社は社長の采配で９割以上会社経営は決まると思っております。ただ

し、ウエイトが低いからといって、疎かにしていいと言っているのではありません。先にも言いましたが、企業は人間の体と同様に、血糖値が高いのを放置すれば、やがて糖尿病になっていく可能性が十分あります。また、高血圧を放置しておけば、様々な影響が人体に出てきます。その分その他のほうからみれば遅れを取ってしまいます。また、大きな病気にもなりやすくなります。ですから、小さな会社といえども賃金・人事制度も重要であるのです。

　そう考えると、全てが会社経営では必要であり、重要であるということです。ポイントは、その会社のウエイト・バランスをしっかり見ることかと思います。この本の読者である社長さんは、「そんなバカなことはない、もっと比率は高い」との反論もあるかと思いますが、私の経験では間違いないと最近ますます確信する次第です。

　いかがでしょうか？　社長さん、このことからも賃金・人事制度はシンプルがベストだということが、ご理解いただけるのではないかと思います。その証拠に50人前後の会社が大会社のような職能資格制度を導入して実施したが、現在はまったく運用されていないといったお話はよくお聞きします。結局儲かったのは、高い報酬をもらった賃金コンサルタントであったというお話はよくあることです。私は賃金・人事制度を導入するなと言っているのではなく、会社の規模により、大きく考え方は変わってくるのではないかということで

あります。

　トヨタ自動車のような大企業であれば、それは、しっかりした賃金・人事金制度の導入は絶対に必要であると思います。私の主張は従業員10人未満の会社はランチェスター戦略の経営の全体図からみても、賃金・人事制度などは出来るだけシンプルに社長が何日も研修をうけなければ理解できないような制度は必要ないということであります。

　とにかく、社長さんも従業員さんも簡単に理解できるわかりやすい取組みが必要ではないかということであります。

3　アルバイト・パートさんもお客様からみれば、社員と同じ、お客様目線で考えれば経営課題は自然と見えてくる

　アルバイト・パートさんなど非正規従業員さんはいつまで続くかわからないし、などとの思いが、どの社長さんでもあると思います。しかし、かりに御社で 1 人のアルバイトであってもお客様からみれば、正社員と同じなのです。このことをしっかり認識する必要があります。このような、お客様目線が重要であると思います。社長さんの考える、視線、目線を図表 2 （16頁）のように考えるべきであると思います。

　この図表の中の×が社長さんの目線でなければないのです。

　この表からも、アルバイト・パートさんの対応が悪けれ

ば、お客様はあなたの会社をライバル会社よりも評価を下げてしまうことも十分ご理解できるのではないでしょうか。

アルバイト・パートさんだからと言って、真摯な処遇がなければ、この4つの視点の1つである社内も活性化してこないと私は思います。

また、このことを逆に考えるならば、アルバイト・パートさんなどの非正規従業員さんの真摯な処遇と教育は、先ほどの4つの視点の1つである競争相手よりも、一歩先をいく経営ができるようになってくるのではないでしょうか。

かりにあなたの会社のある店舗のアルバイトが社員1人も含めて3人で、一方近所のライバル店舗がアルバイトと社員1人も含めて5人の人員だとすれば、この人員の力関係は3対5で2人分しか負けていないと思っているかもしれませんが、実はランチェスター法則の第2法則（間隔戦）からみれば、その力関係は3×3＝9対5×5＝25で力関係は約2.8倍も格差がついてくるのです。

いかがでしょうか？　この対策としては、ランチェスター法則の第1法則（一騎打ち戦）を展開して経営をしていかなければならないのではないかと思います。

では、どのようにすればいいのかです。小売店舗であれば、顧客にハガキ戦略など顧客との接点に工夫（接近戦）をしていくなど様々な取り組みがあると思います。

この本は賃金の本でもありますので、この本のテーマの1

つである、小さな会社の賃金制度などの処遇の対策によりライバル店のアルバイト・パートさんよりもやる気のおきる組織店舗にしていくことについて、考えていきたいと思っております。

　その結果あなたの会社の店舗の実力をアップさせて、ライバル店に一騎打ち戦で戦っていけるようにしていくべきではないか思います。そのようにしていけば、力関係は9対25ではなく、3対5の範囲内で戦っていけるのではないかと私は考えます。

　この事例のように、ライバルとの力関係はランチェスター法則の第2法則の間隔戦の二乗効果を考えて、ライバルとの戦い方を、第1法則の一騎打ち戦でいくか第2法則の間隔戦でいくかを考えて経営していくことが、非常に重要なことではないかと私は思っております。このような戦略の中で、小さな会社の賃金制度を考えることは非常に価値のある取組の1つであると私は思っております。

4　はたして10人前後の会社に職能資格制度による賃金制度が必要か？

　職能資格制度とは、基本的には労働者の能力に応じて等級付けを行う人事評価制度であります。具体的には、個々の職務遂行能力によって等級を分類し、その等級に応じて配置や昇格・昇給を決定するというものであります。個人の能力に

基づいた評価を行うことで、人材育成や自己啓発を促すのが目的とされています。

　現在の日本では職能資格制度の導入率は規模が大きいほど高い傾向にあり、1,000人以上で66.7％と３分の２に上る一方、300〜999人は49.4％、300人未満は38.6％と半数を下回ります。管理職についてみても「職能資格制度」を単体で導入している企業が最も多いのですが、39.3％と４割程度であります。

　私が顧問先を見ていると10人未満の小さな会社では約１割ほどの導入ではないかと思います。

　この職能資格制度のイメージは図表29の表のような感じです。

図表29　職能給表

	社員1級	社員2級	社員3級	社員4級	社員5級	社員6級	社員7級	社員8級
号差	600円	800円	1000円	1,200円	1,400円	1,600円	1,800円	2,000円
1号	155,000	170,000	189,000	210,000	250,000	300,000	385,000	470,000
2	155,600	170,800	190,000	211,200	251,400	301,600	386,800	472,000
3	156,200	171,600	191,000	212,400	252,800	303,200	388,600	474,000
4	156,800	172,400	192,000	213,600	254,200	304,800	390,400	476,000
5	157,400	173,200	193,000	214,800	255,600	306,400	392,200	478,000
6	158,000	174,000	194,000	216,000	257,000	308,000	394,000	480,000
7	158,600	174,800	195,000	217,200	258,400	309,600	395,800	482,000
8	159,200	175,600	196,000	218,400	259,800	311,200	397,600	484,000
9	159,800	176,400	197,000	219,600	261,200	312,800	399,400	486,000
10	160,400	177,200	198,000	220,800	262,600	314,400	401,200	488,000
11	161,000	178,000	199,000	222,000	264,000	316,000	403,000	490,000
12	161,600	178,800	200,000	223,200	265,400	317,600	404,800	492,000
13	162,200	179,600	201,000	224,400	266,800	319,200	406,600	494,000
14	162,800	180,400	202,000	225,600	268,200	320,800	408,400	496,000
15	163,400	181,200	203,000	226,800	269,600	322,400	410,200	498,000
16	164,000	182,000	204,000	228,000	271,000	324,000	412,000	500,000
17	164,600	182,800	205,000	229,200	272,400	325,600	413,800	502,000
18	165,200	183,600	206,000	230,400	273,800	327,200	415,600	504,000
19	165,800	184,400	207,000	231,600	275,200	328,800	417,400	506,000
20	166,400	185,200	208,000	232,800	276,600	330,400	419,200	508,000
21	167,000	186,000	209,000	234,000	278,000	332,000	421,000	510,000
22	167,600	186,800	210,000	235,200	279,400	333,600	422,800	512,000
23	168,200	187,600	211,000	236,400	280,800	335,200	424,600	514,000
24	168,800	188,400	212,000	237,600	282,200	336,800	426,400	516,000
25	169,400	189,200	213,000	238,800	283,600	338,400	428,200	518,000
26	170,000	190,200	214,000	240,000	285,000	340,000	430,000	520,000
27			215,000	241,200	286,400	341,600	431,800	522,000
28			216,000	242,400	287,800	343,200	433,600	524,000
29			217,000	243,600	289,200	344,800	435,400	526,000
30			218,000	244,800	290,600	346,400	437,200	528,000

31	219,000	246,000	292,000	348,000	439,000	530,000
32		247,200	293,400	349,600	440,800	532,000
33		248,400	294,800	351,200	442,600	534,000
34		249,600	296,200	352,800	444,400	536,000
35		250,800	297,600	354,400	446,200	538,000
36		252,000	299,000	356,000	448,000	540,000
37		253,200	300,400	357,600	449,800	542,000
38		254,400	301,800	359,200	451,600	544,000
39		255,600	303,200	360,800	453,400	546,000
40		256,800	304,600	362,400	455,200	548,000
41		258,000	306,000	364,000	457,000	550,000
42				365,600	458,800	552,000
43				367,200	460,600	554,000
44				368,800	462,400	556,000
45				370,400	464,200	558,000
46				372,000	466,000	560,000
47				373,600	467,800	562,000
48				375,200	469,600	564,000
49				376,800	471,400	566,000
50				378,400	473,200	568,000
51				380,000	475,000	570,000

　図表29の表のように、１等級から８等級ぐらいに、等級付けして、毎年１号２号と賃金が上がっていく、というものであります。このシステムは役所や大企業では、人事担当者などの人材も豊富でありますので、十分機能を発揮する制度でありますが、しかし、この本の多くの読者である小さな会社で７人前後の従業員に８等級も設定する必要があるでしょうか。多くの人事制度の本では、公平な評価に基づき等級区分

を作ることが、最も従業員がやる気がおきる制度ですとお話されます。

　私は確かにそうであると思いますが、公正な評価など私は小さな会社の社長さんではできないと思います。

　大学病院の精神科のドクターでも人を正しく評価するのは難しいとお話しされます。

　従って、小さな会社では等級は一つで、この本のモデル賃金表のような制度がベストではないかと思います。

5　インフレ・物価高にいかに対応すべきか？

　昨今のコロナ禍、ウクライナ戦争により、超物価高、インフレが日本全土を襲ってきています。

　大企業であれば、もともと賃金水準も高いため、余裕がありますが、小さな会社ではそもそも賃金水準も大企業からみれば2割前後少ないのが実態ではないかと思います。

　従ってこの物価高で一番影響をうけるのが、日本の約8割を占める10人未満の小さな会社ではないでしょうか。

　このような時代の流れの中で、がちがちの職能資格制度による賃金制度では簡単に賃金を引き上げるのが容易ではないと思います。何故なら図表29の事例の職能資格制度であれば8等級の賃金表を変更することになり、益々賃金制度が複雑になっていってしまいます。賃金表を改定するのに、高い報酬を支払ってコンサルタントに依頼することなどが生じてき

ます。

　この本のようなモデル賃金表のケースであれば、ベースアップは基本給が１本なので、比較的悩まずにできます。

　ベースアップでなければ、職務手当の引き上げやインフレ手当の導入などで、すぐに対応で可能であります。また、従業員さんにも説明がしやすく、なんといってもわかりやすのではないでしょうか。

6　この会社にいれば将来の賃金が　どれくらいになるか見える化しているか？

　一体型賃金基準表やモデル賃金表などが、しっかりしていれば、この会社では何年後に賃金水準がいくらになるか明確であります。なので、従業員さんも納得して働いてくれるのではないでしょうか。

　何も将来のビジョンが見えなくて、ただ働いてくれでは多少賃金の多い会社が現れたならば、転職して行ってしまうリスクが常に残ってきます。

　従って経営者は少なくとも１年に２回以上は、賃金センサスなどで、世間相場を確認すると同時に、１年前のデータなので、現在のインフレに合わせていくらか調整も必要ではないかと思います。

　人手不足の時代、従業員さんが退職してしまっては、これまで、会社の仕事を何年にもかけて教えてきたことが水の泡

になってしまうことも考えられます。

　新しい人材をいれても、一人前になるのにあなたの会社で何年かかりますか。そのようなことも考えるならば小さな会社の社長さんは、大企業の社長さん以上に日ごろから賃金水準については意識する必要があるのではないかと思います。

7　同一労働同一賃金の時代非正規従業員も 同じ目線での評価及び賃金制度が必要では

　同一労働同一賃金は、下記の法律改正によりスタートしました。

●パートタイム・有期雇用労働法：大企業2020年4月1
　日、中小企業2021年4月1日より施行
●労働者派遣法：2020年4月1日より施行

　このように中小企業は2021年4月からの施行になりました。

　その内容は、不合理な待遇差の禁止で同一企業内において、正社員と非正規雇用労働者との間で、基本給や賞与などのあらゆる待遇について、不合理な待遇差を設けることが禁止されたことです。

　具体的には次の均衡待遇と均等待遇の考え方が基準になります。

● 「均衡待遇」の内容

①職務内容※、②職務内容・配置の変更範囲、③その他の
事情を考慮して不合理な待遇差を禁止

　　（均衡待遇の規定とは、わかりやすく言えば①から③
の内容を考慮して、雇用主が待遇を決定しなければなら
ない規定であり、この規定により、正社員とパートタイ
ム・有期雇用労働者との間で、不合理な待遇差が発生し
ないように整備しなければなりません）

● 「均等待遇」の内容

①職務内容※、②職務内容・配置の変更範囲が同じ場合は
差別的取扱いを禁止

　　（※職務内容とは、業務の内容＋責任の程度をいいます）

　　（均等待遇の規定とは、わかりやすく言えば①②の内
容が同じ場合、雇用主が待遇について差別的取り扱いを
してはならない規定であり、この規定により、正社員と
パートタイム・有期雇用労働者との間で、**差別的な取り
扱い**が発生しないように整備しなければなりません）

わかりやすく言えば、非正規従業員さんと業務の内容・責
任の程度や配置の変更範囲などが同じであれば手当など処遇
に差別的取り扱いをしてはならないということであります。

私は、今回この本で紹介している賃金制度であれば、非正
規従業員は、与えられた職務内容により賃金が決まる雇用形

態で、責任の度合や人事制度などが正規従業員とは明確に相違しており、一体型賃金基準表や一体型職務基準表のような基準があれば、非正規従業員と正規従業員との手当などの賃金格差はあまり問題になってこないのではないかと思います。

　しかしながら、小さな会社では、非正規従業員のパートさんなど契約内容が違っても、同じ手当などで処遇することが、やがてこの会社で正社員としてやっていきたいとまで思っていただけることにつながるのではないでしょうか。

8　10年後あなたの会社の従業員は 何人になっているか？

　あなたの会社の従業員の年齢から、あと何年働いてもらえるか真剣に考えたことがありますか？

　おそらくほとんどの社長さんは考えたことがないのではないかと思います。ここで私のお客様である建設会社の事例で考えてみたいと思います。

図表30　あなたの会社で５年後10年後求人ができないときどうなるか？

現在			5年後			10年後	
年齢区分	人数		年齢区分	人数		年齢区分	
～19歳			～19歳			～19歳	
20～24歳			20～24歳			20～24歳	
25～29歳	1		25～29歳			25～29歳	
30～35歳	1		30～35歳	1		30～35歳	
36～39歳			36～39歳	1		36～39歳	1
40～45歳	1		40～45歳			40～45歳	1
46～49歳	1		46～49歳	1		46～49歳	
50～54歳	2		50～54歳	1		50～54歳	1
55～59歳	3		55～59歳	2		55～59歳	1
60～64歳	1		60～64歳	3		60～64歳	2
65～69歳			65～69歳	1		65～69歳	3
70歳～			70歳～			70歳～	1
65歳までの合計人数	10		65歳までの合計人数	9		65歳までの合計人数	6
60歳以上	1		60歳以上	3		60歳以上	2
65歳以上			65歳以上	1		65歳以上	4

　いかがですか。この事例図表30をご覧になられてはっと思われたのではないでしょうか。定年が60歳で再雇用の方がいてもあと数年で65歳になられてこの会社では働けない状況になってくるのが見えてきます。もし求人ができなければ10年後は従業員が約半分になってしまいます。石川県では建設業の求人をしても、とび、型枠大工、鉄筋工等は有効求人倍率

17.38倍（令和４年１月時点）でとても小さな会社では増員が望める状況ではなくなっています。仮に入社しても人材として育ってくれるかどうかもわからない状況です。幸いこの会社では、息子さんが数人いるので、この家族労働で対応ができる可能性が残されております。もしこの会社で３人の従業員が退社したらどうなるでしょうか？　建設業の現場の仕事はなかなか対応が難しいと思います。仕事ができないということが起こってくるのではないかと思います。従ってこの問題の解決策としては、事業縮小かできる仕事しか受けない、または、外注ということになってくると思います。

　いかがでしょうか？　このような現状の小さな会社は多数あるのではないかと思います。建設業の仕事ではしっかり対応しないと、人手不足ということで今後安易に外国人労働者とかを雇い入れても、労災の事故になり死亡などにまで発展すれば何のための雇用かわからなくなってしまいます。

　従って小さな会社は売上げ目標と同時に、先ほどのようなシミュレーション図を作成してあなたの会社の５年後に８人・10年後に10人とか人材在籍目標を明確に頭の中にイメージして売上と同様に考えていかなければ立ち行かなくなる時代になってきたと思われます。

　このように、小さな会社では今後益々、求人対策が今まで以上に厳しい時代に突入していくのではないでしょうか。

　従って小さな会社ではそのほとんどが賃金制度などない会

社が多いと思われますが、今後はこの本で提案したようなシンプルな賃金制度の導入が必要な時代になってきたのではないかと思います。

まとめ

　会社経営において特に小さな会社では、ランチェスター法則における人事・賃金制度などの経営上ウエイトをしっかり把握して、経営していくべきである。従って小さな会社では大企業のような、複雑な職能資格制度などの人事制度は不要で、わかりやすいシンプルな制度がベストではないか。

人手不足時代、
アルバイト・パートさんも
退職金制度が必要では

1 アルバイト・パートさんにも同一労働同一賃金の考え方からますます注目される退職金制度

社長さん。退職金制度と聞いて、アルバイト・パートさんなどの非正規従業員は必要ないのではないかと、ほとんどの社長さんは思われたのではないかと思います。この本をお読みの社長さんの中には、正規従業員にも退職金制度は導入していないのに、と思われている方も多いのではないでしょうか。

ここで、退職金制度のその基本的な考えは一般的に下記のようにいわれております。

① 賃金の後払い説

② 功労報奨説

③ 老後の生活保障説

また、日本の退職金制度は日本独自の制度だといわれており、そのルーツは、江戸時代の奉公人が独立する際に、主人から独立するための資金と同時に屋号の使用許可を与えられるという「暖簾わけ」制度がその始まりだともいわれています。

いかがですか？　私が実務上、色々なお客様とこの退職金制度のお話をすると、②の功労報奨の考え方の社長さんが多いような気がします。現在の日本の退職金制度の導入の状況は図表31のような感じです。

　次頁の図表31を見ればご理解いただけると思いますが、約8割の日本の企業は何らかの退職金制度を採用しております。ところが、アルバイト・パートさんなどの非正規従業員となると、詳しいデータがないので、確かなことはいえませんが、ほとんど採用されていないというのが、私の率直な感想です。

　社長さんのお知り合いで、はたして、アルバイト・パートさんの退職金制度がある会社があるでしょうか。

　正規従業員には②の功労報奨説に基づいて、退職金の意味合いが考えられておりますが、私は、アルバイト・パートさんなど非正規従業員さんにも功労報奨説に基づいて退職金を考えるというのはこれからの人手不足の社会を考えるときわめて当たり前のことではないかと思います。

　なぜならば、パートの方も一生懸命に働いており、その1時間の労働の密度は正規従業員とそれほど違わないかもしれません。ただ、責任の度合いが違う程度かもしれません。

　色々な仕事内容を細かく分析していくと、医師などの専門職以外のほとんどの職種では、その人しかできない高度な仕事はその労働時間の1割か2割くらいではないかと思います。逆にいうとその労働時間の8割か9割はパートさんでもできうる仕事が大半ではないかと思います。

　このように考えると、正規従業員に退職金制度があってアルバイト・パートさんが当たり前のようにないとされるの

図表31

第17表　退職給付（一時金・年金）制度の有無、退職給付制度の形態別企業割合

企業規模・産業・年	全企業	退職給付（一時金・年金）制度がある企業[1]	
平成30年調査計	100.0	80.5	(100.0)
1,000人以上	100.0	92.3	(100.0)
300～999人	100.0	91.8	(100.0)
100～299人	100.0	84.9	(100.0)
30～99人	100.0	77.6	(100.0)
鉱業、採石業、砂利採取業	100.0	92.3	(100.0)
建設業	100.0	87.5	(100.0)
製造業	100.0	88.4	(100.0)
電気・ガス・熱供給・水道業	100.0	92.2	(100.0)
情報通信業	100.0	86.1	(100.0)
運輸業、郵便業	100.0	71.3	(100.0)
卸売業、小売業	100.0	78.1	(100.0)
金融業、保険業	100.0	88.6	(100.0)
不動産業、物品賃貸業	100.0	81.5	(100.0)
学術研究、専門・技術サービス業	100.0	86.8	(100.0)
宿泊業、飲食サービス業	100.0	59.7	(100.0)
生活関連サービス業、娯楽業	100.0	65.3	(100.0)
教育、学習支援業	100.0	86.5	(100.0)
医療、福祉	100.0	87.3	(100.0)
複合サービス事業	100.0	96.1	(100.0)
サービス業（他に分類されないもの）	100.0	68.6	(100.0)
平成30※年調査計[2]	100.0	77.8	(100.0)
平成25年調査計	100.0	75.5	(100.0)

注：1）（　）内の数値は、「退職給付（一時金・年金）制度がある」企業を100とした割合である。
　　2）「平成30※年調査計」は、「常用労働者30人以上である会社組織の民営企業」で、「複合サービス事業」を含まない集計であり、平成25年調査と時系列で比較する場合には、こちらを参照されたい。

第4章　人手不足時代、アルバイト・パートさんも退職金制度が必要では

（単位：%）

| 退職給付制度の形態 | | | 退職給付（一時金・年金）制度がない企業 | (再掲）退職給付制度がある | |
退職一時金制度のみ	退職年金制度のみ	両制度併用		退職一時金制度がある（両制度併用を含む）	退職年金制度がある（両制度併用を含む）
(73.3)	(8.6)	(18.1)	19.5	(91.4)	(26.7)
(27.6)	(24.8)	(47.6)	7.7	(75.2)	(72.4)
(44.4)	(18.1)	(37.5)	8.2	(81.9)	(55.6)
(63.4)	(12.5)	(24.1)	15.1	(87.5)	(36.6)
(82.1)	(5.4)	(12.5)	22.4	(94.6)	(17.9)
(78.8)	(6.1)	(15.1)	7.7	(93.9)	(21.2)
(70.5)	(7.3)	(22.2)	12.5	(92.7)	(29.5)
(69.8)	(9.7)	(20.5)	11.6	(90.3)	(30.2)
(47.6)	(14.9)	(37.5)	7.8	(85.1)	(52.4)
(51.4)	(18.0)	(30.5)	13.9	(82.0)	(48.6)
(74.8)	(5.2)	(20.0)	28.7	(94.8)	(25.2)
(65.1)	(12.9)	(22.1)	21.9	(87.1)	(34.9)
(39.4)	(19.2)	(41.4)	11.4	(80.8)	(60.6)
(70.6)	(7.5)	(21.8)	18.5	(92.5)	(29.4)
(57.6)	(15.7)	(26.7)	13.2	(84.3)	(42.4)
(81.0)	(9.0)	(10.1)	40.3	(91.0)	(19.0)
(86.1)	(5.0)	(8.9)	34.7	(95.0)	(13.9)
(79.9)	(0.6)	(19.5)	13.5	(99.4)	(20.1)
(88.6)	(3.8)	(7.6)	12.7	(96.2)	(11.4)
(63.2)	(4.4)	(32.5)	3.9	(95.6)	(36.8)
(79.6)	(7.3)	(13.1)	31.4	(92.7)	(20.4)
(70.9)	(9.8)	(19.3)	22.2	(90.2)	(29.1)
(65.8)	(11.6)	(22.6)	24.5	(88.4)	(34.2)

（資料出所）
平成30年就労条件総合調査（厚生労働省）

143

は、いささか不公平ではないかと思います。

　社長さんからみれば、いつまでくるかわからないし、臨時の方にそのような制度は必要ないと考えられることも十分理解できます。しかし、どうでしょうか？　お客様目線で考えられれば、あなたの会社から対価をうけるのに、正規従業員からうけるのとパートさんからうけることに対して相違はないのです。お客目線で考えれば同じなわけであります。売上げの源であるお客様に対してはその時間的な仕事に対する価値はなんら正規従業員とあまり変わらないのではないかと私は思っております。

　そうであるならば、私はアルバイト・パートさんなどの非正規従業員にも退職金制度は必要ではないかと思います。

　ましてや、同一労働・同一賃金の時代になってきたのでますます重要な課題の一つになってきたのではないでしょうか。

2　まったく新しい月額加入比例方式の　　退職金の考え方

　ところで、現在の日本のおもな退職金積立制度は以下のような内容です。

その1　中小企業退職金共済制度

　この制度は日本の中小企業で一番普及している制度ではないかと思います。この本の読者の会社でもこの制度を現役の

従業員さんには採用しているケースが多いのではないかと思います。この制度は勤労者退職金共済機構中小企業退職金共済事業本部（機構・中退共本部）との共済契約により、退職金を準備するというものです。

① 掛け金の全額損金算入ができる。

② 国から助成がある。

③ 掛け金が短時間労働者であれば2,000円からなど一定している。

④ 退職金は従業員が退職してから2カ月以内に従業員の口座に振り込まれ、企業に支払われることはない。などが大きなポイントです。

その2　特定退職金共済制度

この制度は、企業が所得税法施行令第73条に定める特定退職金共済団体（商工会議所・商工会・商工会連合会等）と退職金共済契約を締結して、企業に変わってこの団体から直接退職金を支払う制度です。

① 制度内容はその1の中小企業退職金共済制度に似ている。

② 中小企業退職金共済制度は中小企業しか加入できませんが、企業規模による加入制限は一切なし。この制度も、従業員の口座に振り込まれ、企業に支払われることはありません。

その3　厚生年金基金

　この制度は昭和41年に創設された制度で、企業が基金（特別法人）を設立して厚生年金部分の一部を代行部分として受け持つとともに、その上に加算部分として上乗せ給付を行う制度です。この加算部分が退職金積立制度に該当してくるわけです。この基金については、多くの基金が多額の積み立て不足が発生しており、これにともない基金の代行返上・解散が進んでおり、ついに厚生労働省は厚生年金基金の廃止まで打ち出しており、2014年実質的には解散・廃止されています。今後の動向が注目されるところです。

その4　日本版401kプラン

　この制度はアメリカの確定拠出型年金401kプランを手本にして導入された年金制度で、個人型と企業型の2種類あります。
　①　個人型は個人が掛け金を拠出して、その運用成果を個人が受け取る。
　②　企業型は企業が掛け金を拠出して、受け取りは従業員となるもの。
　③　個人型・企業型とも、いずれも将来の受取額が保証されていないということと、拠出金の運用は個人又は従業員自身が自己責任でおこなうもの。
　④　給付については、60歳以前に給付できるのは原則死亡

した時か、一定の障害状態になった時のみで、それ以外は原則として60歳にならなければ給付は受けられない。逆にいうと、60歳以前に退職しても退職金は受給できないことになっております。

その5　確定給付企業年金

この制度は確定給付企業年金法の施行（平成14年4月1日）により、基金型・規約型・混合型という3種類の新しい企業年金が設けられました。

これらの新企業年金は、従来の「適年」や厚生年金基金などとは違い、退職年金等の受給権を保証するため、積立義務が明確化され義務化されました。

① 基金型企業年金

厚生年金基金の代行部分を返上した形の新しい企業年金

② 規約型企業年金

法人税法によって設けられた「適年」の改良版

③ 混合型企業年金（日本版キャシュ・バランス・プラン）

日本版キャシュ・バランス・プランは確定拠出年金の特徴を持つ確定給付型年金で、混合型年金といわれるものです。

その6　企業内退職金制度

保険商品

養老保険のような生命保険商品を将来の退職金の原資とする。

預貯金（有税内部留保金）

特に説明はいらないと思います。

以上、その6までに、現在の日本の退職金積立制度の概略と特徴を記載してみました。各制度とも詳細に解説すると、一冊の本になるくらいの内容でありまが、いずれの制度も長期勤続を前提とした現役従業員さんの加入を前提にしており、アルバイト・パートさんなど非正規従業員さんの制度導入には難しい内容ではないかと思います。

また、これらの制度は基本的に会社が掛け金を毎月支払っても、その退職金は原則直接従業員個人の口座振り込まれる制度であります。また、制度設計も複雑な制度が多く、5年勤続で退職金はいくら支給されるとかがわかりにくい制度がほとんどであります。

私は非正規従業員さんであれば、これらのような、従来からの退職金制度ではなく、もっとシンプルな簡単な制度を提案したいと思います。

基本的に非正規従業員さんの平均勤続年数は何年になるか考えてみたいと思います。おそらく5年前後ではないかと思います。

一般的な従業員さんの退職金制度でも、10年勤続で60万円

くらいから100万円が相場であると思われますので、非正規従業員さんであれば 5 年で12万円、10年で24万円前後くらいでもいいのではないかと思います。 5 年勤続で12万円の退職金ということであれば、従来からある退職金制度のような積立制度までの制度設計を考えなくても、従業員さんに賞与を支払うほどの感覚で、退職金を支給できるのではないかと思います。

　仮に 5 年で12万円とすると 5 年で60カ月勤務しているので1 月当たり2,000円の積立となります。 5 年勤続でなく10年であれば2,000円×12×10＝24万円ということになります。

　この考え方、大変わかりやすいと思いませんか？

　これまでの退職金制度のように、何年勤続したらいくらといった考えではなく、何カ月勤続したので、その月数分の退職金幾らになりますよと定めると大変わかりやすいのではないかと思います。

　非正規従業員の退職金は 1 カ月勤続したら、1,000円または3,000円支給しますといった単純なシンプルな制度は、大変わかりやすい制度になってくるのではないかと私は確信する次第であります。この退職金制度の考え方の加入月額方式を私は加入月額方式退職金制度と命名したいと思っております。

図表32　退職金シミュレーション

（単位：万円）

	1年	2年	3年	4年	5年	6年	7年	8年	9年	10年
ⅰ型 3,000円	3.6	7.2	10.8	14.4	18	21.6	25.2	28.8	32.4	36
ⅱ型 4,000円	4.8	9.6	14.4	19.2	24	28.8	33.6	38.4	43.2	48
ⅲ型 5,000円	6	12	18	24	30	36	42	48	54	60

　非正規従業員さんの退職金は退職金月額単価の決め方によって図表32のようなイメージの退職金の内容になってくるかと思います。

　資金的に厳しければ、加入月額単価1,000円として、5年で6万円も私はありだと思います。

　この加入月額方式で退職金を考えてみるのもわかりやすくていいと思いませんか？

　何カ月勤務かで、金額が簡単にわかるので、誰でも自分の退職金がイメージできます。

　その他の制度との違いや特徴は図表33の内容です。

図表33　加入月額方式退職金制度その他制度との比較

制度	概略	支払方	懲戒解雇の支払	毎月の支払	退職後の持ち運び
加入月額方式退職金制度	加入月額単価方式で計算が簡単で自由な設計ができる。	会社が支払う	退職金規定により支払わない。	特に必要なし。但し、退職時に全額損金計上する。	できない
確定給付企業年金	従業員の退職金を確定できる。不足のある時は会社が補填する。	従業員に直接払う	各規約による。	毎月の支払掛金は全額損金計上	できない
確定拠出企業年金・401K	毎月の掛金を個人名義で外部積み立てする。従業員に投資教育が必要となる。	従業員に直接払う	従業員に支払われる。	毎月の支払掛金は全額損金計上	できる但し、条件あり
中小企業退職金共済制度	毎月の掛金を個人名義で外部に積立てす。掛金の減額は従業員の同意が必要となる。	従業員に直接払う	相当な理由があれば減額できるが会社に返ってこない。	毎月の支払掛金は全額損金計上	できる但し、条件あり
前払い退職金	毎月の給料に上乗せする。実質的には給料と変わらない。	毎月支払うことで完了する	従業員に支払われる。	従業員の給与となることにより、所得税・社会保険料の負担が増える。	毎月支払うことで完了する
社内預金	資金不足に注意を要する。積立て時の税法の優遇はない。	会社が支払う	退職金規定により支払わない。	積立てに税法上の優遇措置はなし。	できない

　人手不足時代、非正規従業員さんへのこのような退職金制度導入は、求人においてもパワーを発揮するのではないでしょうか。

3　有期契約の期間満了と契約更新における月額加入比例方式の独自の考え方

　月額加入比例方式の考え方いかがでしたでしょうか？　ともすれば、退職金とイメージすれば何年勤続でいくらとか連想しますが、3年5カ月勤続であれば、5,000円×41＝20万

5,000円となり、どなたでも簡単に自分の退職金が計算できます。

　中退共（中小企業退職金共済制度）のような制度ですと、直接パートさんの口座に送金されてしまい、退職時に会社に損害など与えても退職金の減額支給などできないのが現実です。やはり私は、退社時に社長なり、上司が退職金を直接手渡しできる制度でなければ、せっかく毎月5,000円とか積み立ててもらっても、本人はあまり感謝の気持ちが湧いてこないのではないかと思います。

　そうして、退職時に直接会社にきてもらえば、重要な書類へのサインなどもスムーズにできてくるのではないかと思います。

　また、パートさんなど非正規従業員さんであれば、毎年1年ごとの更新契約も多いと思います。例えば、4月更新であれば、社長さんとしたら、年度途中で勝手に退職されるとこまりますので、4月から3月までの1年間の契約期間内に退職するときは、退職金を1割か2割減額しますといった規定にすれば、契約期間中に退職するといったことをいくらかでも軽減できてくるのではないかと思います。

　私もこの退職金制度を考えるにあたり、様々なパートの方にヒアリングしましたが、月額加入比例方式はわかりやすいし、仕事にヤル気がおきてくるとのことでありました。

　ましてや、パートさんなど非正規従業員さんであれば、退

職金制度などないものと思っているため、かなりインパクトがあるような気がしました。会社も何百万円も経費がかかってくるわけでもないので、特別な退職金積立制度の導入は不要であり、社長さんがその気になれば、明日からでも制度導入が可能であります。まして、既存の正規従業員の退職金制度があったとしても、バッティングする箇所もないので、既存の退職金制度との調整もまったく不用であります。

　いかがでしょうか？　私はこのことにより、アルバイト・パートさんなどの非正規従業員さんの求人において当社は退職金制度ありと表示できることは、求人においてかなりの強みになってくるのではないかと思います。

　私は、アルバイト・パートさんなど非正規従業員さんは、仕事の中身よりも時給いくらとかの労働条件に正規従業員よりも敏感な職種ではないかと思っております。

　仮に、正規従業員さん向けの退職金制度を導入していないのであれば、正規従業員さんにも導入してもいいのではないかと思います。既存の正規従業員さんの退職金制度がある時は、その方が仮に正規従業員さんに転換したときは、正規従業員さんの制度に加入をして、パート時代の退職金を退職時に加算して支払えば問題ないのではないでしょうか。

4 この退職金制度であれば、退職金の 積立制度まで考えなくてもいい

　社長さんいかがでしょうか？　社長さんの中には中退共で、掛け金が一人5,000円であれば、毎月その分損金処理ができるではないかと思われるかと思います。

　確かに、月額加入比例方式では毎月の積立がないので、毎月の経費処理はできません。しかし、退職金の支払時には退職金として、損金処理ができますので、毎月経費が発生するか、退職時に経費が発生するかのちがいであります。

　また、現在の税制では勤続10年であれば退職金の所得控除として、40万円×10年で400万円ですから、受給する側からみますと、ほとんどの非正規従業員さんでは金額が低いので所得税がかからず非課税で退職金を受給できます。

　この制度を深く考えれば、パートさんの中には、ご主人の税法上の扶養になるため年間103万円以上働けないとかいったお話をよくお聞きします。社会保険の扶養であれば年間130万円（60歳以上は180万円）までであります。

　パートさんでよく頑張っていると社長さんが判断するのであれば、退職金の功労報奨説に基づいて、退職金をいくらか規定よりも増額して支給する。たとえば5,000円単価の方であれば10年勤続で60万円ですが、支給率を1.1倍とか1.2倍とか規定を定めて運用すれば、税法上の壁で働けないというパ

ートさん達のモチベーションは上がってくるのではないかと
思います。10年でなんと400万円非課税になるのです。大変
効果的な取組になってくるのではないかと思います。ちなみ
に20年を超えますと年間70万円非課税枠がアップしてきま
す。30年で計算すると1,500万円非課税枠がでてきます。

　私は、日本の税制の中で、この退職金制度がもっとも税金
のかからない制度の1つではないかと思っております。

　加入月額比例方式はあくまでも、アルバイト・パートさん
などの非正規従業員さんの退職金制度なので、退職金積立制
度まで考えませんでしたが、この制度を現在退職金制度がな
い会社であれば、月額単価を5,000円とか7,000円とかで制度
化すれば正規従業員さんの退職金制度として十分活用できる
のではないでしょうか。

5　アルバイト・パートさんなどの非正規従業員が 退職後も、あなたの会社の応援団になる

　加入月額比例方式の退職金制度について考えてきました
が、あまりにもシンプルな制度なので、拍子抜けの感がある
と思います。

　非正規従業員さんからみれば、退職金規定をよく読みこま
ないとわからないような制度こそナンセンスだと思います。
やはり、賃金や退職金制度などはわかりやすいのが一番だと
思います。

2013年4月1日より労働契約法（新18条）が改正され5年を超えて有期労働契約を更新した場合、その有期労働契約の労働者が申し込めば、無期契約へ転換される制度が始まりました。また、有期労働契約とその次の有期労働契約の間に、契約がない期間が6カ月以上あるときは、その空白期間の次の契約から改めて5年間カウントすることになります。（契約法新18条2項）これをクーリングといいますという法律がスタートしました。

　従って企業によっては、5年後正規従業員に転換できないので、5年で一旦退職して、6カ月経過したら、また雇用するといった会社も出てきております。

　このような時に5年で退職金を一旦清算して、6カ月後また雇用するときは、3年以上勤務のとき退職金を支払うということでなくて、経験者なので1年目から退職金制度は適用になりますといったことも考えられるのではないかと思います。

　また退職金制度を導入することにより、あなたの会社の評判も上がり、アルバイト・パートさんなどが退職しても、他社でやっていないので、あなたの会社に対して感謝の気持ちを抱いてくれるのではないかと思います。

　なにせ、女性・主婦層の口コミの影響力は、社長さんが考える以上に、力があるのではないかと私は思っております。とくに小売関係の業種であればなおさらではないかと思いま

す。

　また、前節で解説したように同一労働・同一賃金により、正規従業員と同じような働き方の人については、労働条件の格差が禁止されております。

　また、2022年10月からは、前節で記載しましたがパートタイマーの社会保険の加入基準が週20時間以上であって一定の労働者に拡大されます。

　このように、社会全体が、パートさんなどの非正規従業員さんの方の処遇改善に動いているように思います。

　このような社会の流れの中で、アルバイト・パートさんにも退職金制度を導入することは、社会の流れにも則っており、会社のよりよく発展していくきっかけの一つになってくるのではないかと私は思っております。

　この月額加入比例方式の退職金制度を規程化すると下記のような規則でいいのではないかと思います。

─────── 「加入月額比例方式の退職金規程」 ───────

（適用範囲と考え方）

第1条　この規程の適用には、期間を定めて雇用される
　　　　非正規従業員などに適用するものとする。但し、
　　　　正規従業員にもこの制度を適用することがあるも
　　　　のとする。なお、当社の退職金を支給するとき
　　　　は、在職時の功労報償説として支給するものとす

る。

（退職金の算定方式）

第2条　退職金は加給月額比例方式で、入社からの在職月数に応じて、入社時に定められた月額単価の勤務月数分支給ものとする。月額単価は1,000円から10,000円の範囲内で入社の勤務条件で定めるものとする。

（退職金額）

第3条　当該規程の適用を受ける従業員が3年以上勤務した場合であって、次の各号のいずれかに該当する事由により退職したときは、入社からの勤務月数に月額単価をかけたものを支給するものとする。

（1）　更新の契約期間満了により退職したとき

（2）　定年に達したとき

（3）　業務外の私傷病により担当職務に耐え得ないと認めたとき

（4）　業務上の私傷病によるとき

（5）　会社都合によるとき

2　この規定が適用される従業員が次の各号のいずれかに該当する事由により退職したときは、前項の8割を支給するものとする。

　　　（1）　自己都合により契約期間中に退職するとき

　　　（2）　休職期間が満了して復職できないとき

（退職金の減額）

第4条　懲戒処分があった場合には退職金の未支給若し

　　　くは減額をすることがある。

（勤続年数の計算）

第5条　第2条の勤続月数の計算は、雇い入れた月から

　　　退職の月までとし、1月に満たない端数月は切り

　　　上げる。

　　2　休職期間及び業務上の負傷又は疾病以外の理由

　　　による欠勤が1か月を超えた期間は勤続月数に算

　　　入しない。

（退職金の支払方法）

第6条　退職金は、会社がこの規定が適用される従業員

　　　さん（従業員さんが死亡した場合はその遺族）に

　　　支給する。

　　2　退職金の支給は原則社長が直接支給するものと

　　　する。

（退職金の加算）

第7条 在職中の勤務成績が特に優秀で、会社の業績に
功労顕著であったと会社が認めたこの規定が適用
される従業員さんに対し、退職金を特別に加算し
て支給することがある。

この規則は 令和 年 月 日から施行するもの
とする。

いかがでしょうか？ 以上のような規定の定め方で問題は
ないのではないかと思います。

6 同一労働同一賃金における退職金に関連する 労働判例

退職金に関する同一労働同一賃金については有名な判例が
ありますのでご紹介したいと思います。

メトロコマース事件（最高裁令和2年10月13日労判1229号90
頁）

この裁判で対象となった主な待遇は退職金、住宅手当、早
出残業手当、永年勤続表彰でありました。

判例の概要

地下鉄の売店業務に従事していた契約社員が、正社員との
退職金、賞与等の労働条件の相違について改正前の労働契約
法第20条における不合理な正社員との格差にあたるとして損

害賠償等の請求を求めた事件。

　本件の争点は、これらの待遇差が旧労働契約法20条に違反するかどうかという点で、特に東京高裁の第2審判決で不合理であるとされた退職金の有無が、最高裁の最終判決で不合理でないとされたことや、それ以外の住宅手当や早出残業手当、永年勤続表彰については不合理であるとされた事例として大変注目された判決でした。

　判決の中でも、特に退職金については、実際に正社員と契約社員が行っている実務だけでなく、正社員の職務内容やその範囲、配置転換の範囲、将来正社員としての職務を遂行し得る人材の定着を図り長期雇用を可能にすることを目的としていることなどから、正社員と契約社員の間の退職金の相違は不合理とはいえないと判断されました。またその他の事情として、大阪医科大学事件と同様に、契約社員に対して正社員への登用制度があった点についても、不合理と判断されない理由の1つとなったようです。ここで一つ注目したいことは正社員への登用制度があったということであります。

　この本で提案の人事制度においても正社員転換制度は制度化されております。最終的な判決の内容は図表34の通りでありました。

図表34　メトロコマース事件

賃金項目	正規従業員	パートタイム従業員	地裁	高裁	最高裁
退職金	あり	ない	○	×	○
住宅手当	あり	ない	○	×	×
早出残業手当	2時間まで27%増それ以降35%増	法定の割増のみ（25%）	×	×	×
永年勤続表彰	あり	なし	○	×	×

○　不合理ではない（支給する必要はない）

×　不合理である（支給する必要がある）

　この判例でおおいに着目したいのは退職金支給に関する合理性です。退職金の主な支給目的は、正社員の確保・定着であり、正社員としての長期雇用を図るための退職金と考えると不合理ではない（支給する必要はない）との判決となりました。

　このように退職金や賞与などは長期勤続に対する労務の後払い的性質や功労報酬の意味合いが強く、非正規社員への不支給については、合理的に説明できるケースが多いのではないでしょうか。この判例のように、退職金などについては、手当ほど同一労働・同一賃金の考え方は適用されないのではないかと思います。

　従って就業規則などで支給目的を明確にし、合理的な説明

ができるように準備しておくことが、同一労働同一賃金の対策の一つになってくるのではないでしょうか。

　ただし、退職金では長期継続勤務のみ、など単一の条件だけを支給目的とした場合には、非正規社員への支給を求められることがある可能性があるので、今回提案の退職金制度の導入なども、総合的に考えれば選択の一つではないでしょうか。

まとめ

　アルバイト・パートさんなどの非正規従業員さんにも、昨今の同一労働・同一賃金の流れの中では、退職金制度必要な時代になってきたのではないか。月額加入比例方式の退職金制度は明日からでもすぐに制度スタートできる、非正規従業員さんにはピッタリの退職金制度ではないだろうか。

第 5 章

アルバイト・パートさんの
正社員への転換と
無期転換制度について

1 アルバイト・パートさんの雇用管理は正社員になりたいと思わせる仕組み、視点が重要

　社長さん、アルバイト・パートさんなどの非正規従業員さんが御社で働いているなら、あなたの会社でもっと働いて頑張ってみたいと思わせるにはどのような取組が必要と思われますか？

　これまで、賃金制度とか退職金制度とか解説してきましたが、ランチェスター法則のところで解説したように、会社の経営は社長さんの実力で９割以上は決まると言われております。そうなんです、賃金制度などの仕組みができたならば、残るは如何に社長さんが実力を磨き、人間的な魅力があるかないかが勝負ではないかと思います。

　この社長さんの実力と人間的な魅力が、会社の仕組みと同時に出来上がっていけば、アルバイト・パートさんなどの非正規従業員さんもあなたの会社で正規従業員として働きたいと思うようになってくると私は確信しております。

　ちなみに、採用コンサルティング会社の株式会社ツナググループ・ホールデイングスのツナグ働き方研究所が実施した「アルバイト採用ブランド力調査レポート2021年版」（調査対象期間　2021/9/14～2021/9/28　調査対象　全国の16～69歳の男女1,200人　業種を問わずパート・アルバイトとして求職経験が２年以内にある求職者または現就業者）調査による

と「業界ランキング」の上位は次のとおりであります。

① 100円ショップ

② スーパー

③ コンビニ

④ ドラックストア

⑤ カフェ・喫茶

⑥ アパレル

⑦ ファストフード

⑧ 日用品・生活雑貨

⑨ テーマパーク

また、「働いてみたいブランド」ではダイソー、セリア、無印食品、イオン、スターバックスコーヒー等が挙がっております。

これは、普段の生活で身近に利用しているブランドがアルバイト先として人気があるのかと思います。

次にアルバイト先の選択時に重要視する項目は下記のようです。

① 安心して働けそう

② 通いやすい場所にある

③ 希望の時間で働けそう

④ 自分でも働くことができそう

⑤ 職場環境が良さそう

⑥ 給与・待遇がよさそう

167

意外と給与・仕事の内容だけではなさそうです。

　ここのところが、ある意味アルバイト・パートさんの特徴の１つかもしれないと思います。

　さきほどの応募時の重要視する項目の部分で、第１位は「安心して働けそう」ですが、第４位の「自分でも働くことができそう」とアルバイト・パートさんが思えた時が、ある意味正規従業員として働いていけるかなとの希望につながっていくのではないかと思います。この自分でも働くことができそうと思わせることは、やはり社長さんが日々の業務の中でアルバイト・パートさんを励まし育成することです。そして、アルバイト・パートさんに自分の仕事の中で成功体験を少しずつ積ませていくことが、自分でも正規従業員として働けそうという気持ちにつながっていく一番の近道ではないかと私は思っております。

　今回この本で提案している職務基準表の０型の仕組みなどは職種で決まる賃金制度で、更新毎に職種の習熟度により賃金が改定されるという仕組みであります。そして、正規従業員を希望して、正規従業員に移行したならば、シンプルな勤続年数と能力を反映した職能資格制度に移行していくといった一体型賃金制度となっております。

　このような賃金制度であれば、非正規従業員もやがてこの会社の正規従業員として働いてみたいと思わせることができるのではないでしょうか。

　最終的にはやはり、魅力的な会社になるのもならないのも社長さん自身が成長するかどうかが最大のポイントではないかと思います。そのような前提があって、賃金制度や人事制度が生きてくるのではないかと思います

2　正社員移行時に、アルバイト・パートの退職金は、正社員の退職金制度に組み入れる

　前節のようなプロセスがあり、正規従業員に移行してもいいと思われるアルバイト・パートさんなどの非正規従業員さんが育ってきたならば、今回提案の月額加入比例方式のような退職金制度は正規従業員の退職金制度に組み入れればいいのではないかと思います。

　具体的には、パート在任中の退職金の額を、正社員の従来の退職金支払いのとき、パート時代の退職金の金額を加算して支給すればそれでOKではないかと思います。

　また、時給につては現在の仕事給から日給月給制などへ変更していく必要があると思います。

　正規従業員移行後は欲求5段階説での自己実現を目指していけるように育てていかなければならないのではないかと思います。

　このように考えると最初はアルバイト・パートで雇用して、社長さんがこれだと思われる方であれば、正規従業員への登用をしていくというのも、いきなり正規従業員として採

用するよりは、雇用のリスク対策になるかもしれないと、この本を執筆しながら思った次第です。

　非正規従業員さんからの正規従業員転換制度というのも、小さな会社では人手不足の現在の日本の状況を考えれば、一度検討されるのも、面白いかもしれないと思います。

3　正社員に転換できない方が無期転換制度で無期転換権を行使してきたらどうするか？

　この節で考えるのは、非正規従業員さんで毎年の更新で5年経過後無期転換権を行使してきた場合です。社長さんならどう考えますか？　正規従業員として登用していきたいと思っているケースなら歓迎かと思いますが、仮にやめてもらいたいと思っている方から言われたケースを考えてみたいと思います。

　そもそも無期転換制度とは、同一の使用者（企業）との間で、［有期労働契約が5年を超えて更新された場合］、［有期契約労働者（契約社員、アルバイトなど）からの申込み］により、［期間の定めのない労働契約（無期労働契約）に転換］されるというルールのことです。

　有期契約労働者が使用者（企業）に対して無期転換の申込みをした場合、無期労働契約が成立します。そして使用者は断ることができませんという内容で、2013年4月1日以降に開始した有期労働契約の通算契約期間が5年を超える場合、

その契約期間の初日から末日までの間、無期転換の申込みをすることができるという内容であります。

　この無期転換ルールとは、2012年8月に成立した「改正労働契約法」（2013年4月1日施行）により、対応が必要になった雇用に関するルールのことで、法律で定められているので拒むことはできないということであります。

　ただし、定年再雇用のときなどは例外とされるケースもあります。

　では社長さん、このような、法律がある中で、無期転換させたくない方が、申し出てきたときは、どうなると思いますか？　そうです。拒めないのです。ただし、正社員にしろと定めている訳でなく、有期契約を無期契約にしなさいと定めてあるので、賃金などの処遇は同じで、契約期間だけ、1年更新などから期間の定め無しに変更するだけでもOKであります。

　もしくは、雇用期間5年になる前に、契約を更新しないかですが、雇止めも問題もありますので、慎重な対応が必要かと思われます。なので、最初から契約期間は5年を上限とすると定めて雇用するといった対応が必要ではないかと思います。

　いかがでしょうか。無期転換権について記載してきました。

　ここで、無期転換権に関連した最近の判例を一つ紹介した

いと思います。

「公益財団法人グリーントラストうつのみや事件（宇都宮地
判令和2年6月10日労判1240号83頁）」

　　無期労働契約の締結申込権が発生するまでは、使用者に
は労働契約を更新しない自由が認められているから、無期
労働契約の締結申込権の発生を回避するため更新を拒絶し
たとしてもそれ自体は格別不合理ではないが、本件労働契
約は労契法19条2号に該当し、Xの雇用継続に対する期
待は合理的な理由に基づくものとして一定の範囲で法的に
保護されたものであるから、特段の事情もなく、かかる
Xの合理的期待を否定することは、客観的にみて合理性
を欠き、社会通念上も相当とは認められないとされまし
た。

　このように、無期転換権を拒否することは、判例からみて
も大変難しいという実態をご理解していただければと思いま
す。

4　正社員移行やパートさんなどの賃金引上げ、退職金制度導入に活用できるキャリアアップ助成金などの有効活用も検討

　社長さん、この節では、アルバイト・パートさんなど非正
規従業員さんを正規従業員に移行したときなどに活用できる

厚生労働省の助成金について説明したいと思います。助成金は労働保険料などを財源として支給されるもので、経済産業省などからでる補助金と違って、支給条件に合致していれば原則支給されます。幸い政府も非正規雇用の方の労働条件の改善には力をいれており、比較的受給できるケースが多いような気がします。

　今回ご紹介の助成金は2022年4月現在の制度であり今後どのようになっていくかわかりませんが、キャリアアップ助成金についてご紹介したいと思います。

その1　正規雇用等転換コース

　正規雇用等に転換または直接雇用する制度を規定して有期契約労働者等を正規雇用等に転換等した場合に助成されます。

① 　**有期 → 正規：1人当たり57万円**〈72万円〉（42万7,500円〈54万円〉）

② 　**無期 → 正規：1人当たり28万5,000円**〈36万円〉（21万3,750円〈27万円〉）

　①、②を合わせて、1年度1事業所当たりの支給申請上限人数は20人まで

　　〈　〉は生産性の向上が認められる場合の額、（　）内は大企業の額

この制度は要するに、アルバイト・パートさんをこの本の
テーマの一つである正規従業員に移行していった時に会社に
助成されます。1年で2人該当すればなんと114万円にもな
ります。

その2　賃金規定等改訂コース

すべてまたは一部の有期雇用労働者等の基本給の賃金規定
等を2％以上増額改定し、昇給した場合に助成されます。
支給額

対象労働者

① 　1〜5人：1人当たり**32,000円**〈40,000円〉（21,000円
〈26,250円〉）

② 　6人以上：1人当たり**28,500円**〈36,000円〉（19,000円
〈24,000円〉）

加算措置

○中小企業において3％以上5％未満増額改定した場合1
人当たり14,250円〈18,000円〉

○中小企業において5％以上増額改定した場合1人当たり
23,750円〈30,000円〉

＊〈　〉は生産性の向上が認められる場合の額、（　）内
は大企業の額

1年度1事業所当たり100人まで、申請回数は1年度1回
のみ

　この助成金は昨今の物価高・インフレなどを考えて非正規従業員さんの賃金を引き上げるときは是非検討してみる制度です。

　かりにパートさん5人の時給を3％アップすると

　　32,000 ＋ 14,200 ＝ 46,200円

　　46,200円 × 5 ＝ 231,000円になります。

その3　賞与・退職金制度導入コース

　有期雇用労働者等に関して賞与・退職金制度を新たに設け、支給または積立てを実施した場合に助成するものです。

支給額

1事業所当たり38万円〈48万円〉

（28万5,000円〈36万円〉）

1事業所当たり1回のみ

加算措置

同時に導入した場合に加算

1事業所当たり16万円〈19万2,000円〉

（12万円〈14万4,000円〉）

　　＊〈　〉は生産性の向上が認められる場合の額、（　）内
　　　は大企業の額

　非正規従業員さんにこの本で紹介したような月額加入比例方式の退職金制度を導入したときは38万円の助成となります。（ただし助成金申請においては、1カ月分相当として

3,000円以上を６カ月または、６カ月分相当として18,000円以上積立てした事業主になります）

〈　〉の生産性要件とは企業における生産性向上の取組みを支援するため、生産性を向上させた企業が労働関係助成金を利用する場合、その助成額または助成率を割増するという内容であります。

従って生産性要件に該当すればさらに助成金はアップします。

具体的には下記の要件となります。

助成金の支給申請を行う直近の会計年度における「生産性」が、その３年度前に比べて６％以上伸びていること、または、その３年度前に比べて１％以上（６％未満）伸びていること（※）

　※この場合、金融機関から一定の「事業性評価」を得ていること

以上キャリアアップ助成金の代表的な制度を記載してみました。私のこの本をここまでお読みいただいた社長さんであれば、この本でご紹介した正社員転換や賃金規定等コースなどの時給アップをやってみようとお考えではないでしょうか。是非これらの助成金も有効に活用されたらいいのではないかと思います。

もし、やってみようと思われましたら、最寄りの労働局に

事前に相談するとか、我々のような専門家に相談されることをお勧めします。事前にキャリアアップの計画の作成・届出等ありますので、それらのステップを踏んでいないと、折角制度導入したが、ちょっとした勘違いで支給されないということがよくあります。

　いかがでしょうか？　社長さん非正規従業員さんに関係した代表的な助成金を紹介しました。

　このように、政府も非正規従業員さんの雇用対策には力を入れてくれているのです。

5　日本は労働力不足の時代が目の前にきている。正規雇用だけでなく、非正規雇用であるアルバイト・パートさんまでも視野にいれたしっかりした労務管理を考えないと経営ができない時代がやってきた

　いよいよ最後の節まできてしまいました。私が特に最近ヒアリングするケースとして次のようなお話をよくお聞きします。幹部従業員に跡継ぎがいないので私の代わりに社長をやってみないかと提案したが、断られたとか、町の自動車販売会社の社長の話として「整備士の募集をしているがなかなかこないわ」とか友達の社長も「うちも整備士が辞めてしまって、62歳の整備士の方に来てもらっているよ」このような会話を最近よく耳にします。私は現在の日本は急激な少子高齢

化を迎えており、働く若者がどんどん減少してきているように思えてなりません。

　大学もだんだん経営が厳しくなってきており、しかも晩婚化がどんどんすすんでおり、私の住んでいる町内もめっきり子供の数が減ってきたものだなとつくづく感じる今日このごろです。

　このことは、今後どのような影響を将来与えるのでしょうか？　そうです社長さん、仕事があっても働く人間がいないので、仕事ができないといった時代がもう目前にきているのではないかと思います。大企業はブランド力で、優秀な人材を獲得できますが、中小企業はなかなか難しい時代が迫ってきていると私は思っております。

　まして、現在の日本はコロナ禍、ウクライナ問題、インフレ、物価高とかつて経験したことがない時代に突入してきました。

　このような時代の流れの中で、この本のテーマである一体型人事・賃金制度を盛り込んだ雇用の対策を考えることは、やがてやってくる、求人難の時代や、インフレ時代の賃金制度に必ず生きてくると思います。21世紀は人を大事にしない企業団体は滅びていくのではないかと私は思っております。そういう意味でも、今いるあなたの会社の従業員さんはある意味金の卵ではないかと声を大にして申し上げる次第であります。

　また、この本が日本の雇用全体の約4割を支えるアルバイト・パートさんなどの非正規雇用の方や正規従業員さんの雇用の改善の一つのキッカケになれば著者としてこの上ない喜びであります。

　本当に最後までお付き合いいただき、深く感謝申し上げます。

まとめ

　非正規従業員さんの無期転換権や退職金制度の導入など、今後の人手不足の日本の社会では、非正規従業員さんも正規従業員さん同様に一体型で人事・賃金制度を考えていかなければ、コロナ禍や、インフレ時代生き残っていけない時代がやってきたのではないでしょうか。

おわりに

　最後までお読みいただき、大変有難うございました。
「小さな会社のシンプルな一体型賃金制度」
いくらかイメージを持っていただけましたでしょうか？

　実は私は、この本で26冊目になります。10年ほど前初めて
労働関係の本である「サッと作れる小規模企業の就業規則」
（経営書院）を出版させていただきました。その後も人事制
度や賃金制度などの中小零細企業向けの本を出版してきまし
た。今回は昨今のコロナ禍、インフレ、物価高などに対応し
た、日本の個人事業主も含めて8割に及ぶ従業員10人未満の
社長さんむけに大変シンプルな人事・賃金制度を提案させて
いただきました。

　三村さんの提案する制度はシンプル過ぎておかしいとかな
ど多々ご意見があるのではないかと思っております。

　私の持論ですが、賃金制度に正解はないと思っております。

　社長さんがどのように思い実行するかではないでしょうか。

　私が本を書く決心をしたのは、10年ほど前の開業10年目
で、なにか自分に区切りをつけなければならないと決意した
のがキッカケでありました。また、名古屋の私が入塾してい
る、北見塾の北見昌朗先生やその他多くの塾生のかたが、本
を出版されていることに、刺激をうけたのかもしれません。

　また、開業時から、尊敬しているランチェスター経営で有名な竹田陽一先生のお話で、自分は大変字がへたくそで文章など一番苦手であったが、人の３倍かけてかいた。そして今ではベストセラーの本もでている。仮に文章が苦手な方は人の３倍かけて書けばいいとのお話をお聞きし感動しました。このようなことも通して、これまでの出版にいたりました。多くの先生方のご支援があったからこそだと深く感謝申し上げます。

　また、出版に関しまして経営書院の出版部の皆さんには大変お世話になり有難うございました。深く感謝申しあげます。

　今回のテーマである、小さな会社の賃金・人事制度ですが、今まで全くこのような制度を考えてこなかった社長さんでも、昨今の時代の流れでは、考えないと経営がしにくい時代に突入してきたのではないかと思います。

　その意味で本書が新しい賃金・人事制度のヒントの一つになれば幸いであります。

　本当に最後までお読みいただき大変有難うございました。

本日は私の本を
選んでいただき
深く感謝申し上げます

参考文献

「小さな会社☆社長のルール」　竹田陽一著　フォレスト出版
「小さな会社☆儲けのルール」竹田陽一／栢野克己著　フォ
　レスト出版
「賃金決定の基礎知識」　武内崇夫　経営書院出版
「世界最強チェーンを作ったレイ・クロックの５つの教え」
　中園徹著　日本能率協会マネジメントセンター出版

参考データ

厚生労働省　賃金構造基本統計調査

参考資料

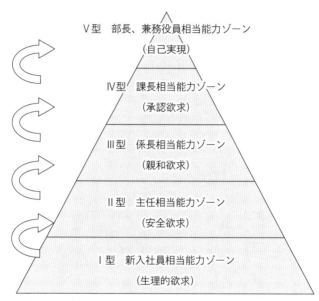

Ｖ型　部長、兼務役員相当能力ゾーン
（自己実現）

Ⅳ型　課長相当能力ゾーン
（承認欲求）

Ⅲ型　係長相当能力ゾーン
（親和欲求）

Ⅱ型　主任相当能力ゾーン
（安全欲求）

Ⅰ型　新入社員相当能力ゾーン
（生理的欲求）

マズローの欲求5段階説と職務の関連表

「会社の経営理念」ニーズ（欲求）が満たされると、さらに高次のニーズ
が高まる

一体型職務基準表

職務レベル	職務基準要件	必要となる職務能力の知識	役職をつけるとしたら	滞留年数
Ⅵ型 定年再雇用者	与えられた仕事ができるか	○60歳定年時の業務ができるか ○体力的に問題ないか ○再雇用評価率で判断	シニア専門職	原則5年
Ⅴ型 自己実現の欲求	会社の方針を把握し、会社の社長の右腕としての立場でも仕事ができ、また社長に対して企画立案などのマネジメントもできる	○売上を上げることができる ○企画立案力 ○問題解決能力 ○責任感	部長 兼務役員	定年か 退職まで
Ⅳ型 承認の欲求	会社の方針を把握し、会社全体の業務も十分遂行できるようになり部下の指導も十分できる	○売上を上げることができる ○指導力 ○リーダーシップが取れる ○リスク管理力	課長	4年から7年
Ⅲ型 親和の欲求	担当業務を十分に遂行できるようになり新入社員などに指導もできるようになる	○確実な行動 ○指導力 ○持続力がある	係長	3年から 4年
Ⅱ型 安全の欲求	仕事の指示を受け、自らの創意工夫で業務がこなせるようになる	○正確な行動 ○持続力がる ○専門的技術	主任	2年から 3年
Ⅰ型 生理的な欲求	新入社員として基本的な仕事を早く覚える	○素直な行動 ○持続力がある	新入社員	1年から 2年
0型 パートなど 非正規雇用	指示された業務ができる（与えられた職種で賃金額が決定）	○事務職　ⅰ型 ○工場作業員　ⅱ型 ○営業職　ⅲ型	非正規従業員	原則1年毎の更新契約

各ゾーン達成度基準一覧

	達成度		
	勤怠達成度	能力達成度	業績達成度
Ⅴ型		企画力 判断力	仕事の量
Ⅳ型		指導力 判断力	仕事の量
Ⅲ型	責任制 積極性	指導力 折衝力	仕事の質
Ⅱ型	規律性 責任制	知識 技術・技能	仕事の質
Ⅰ型	規律性 責任制	知識 技能・技術	

	O型	Ⅰ型 (新入社員)	Ⅱ型 (主任等)	Ⅲ型 (係長等)	Ⅳ型 (課長等)	Ⅴ型 (部長等)	Ⅵ型 (定年再雇用者)
	パートなど 非正規雇用	原則 20万円以上	原則 22万円以上	原則 24万円以上	原則 26万円以上	原則 31万円以上	再雇用評価率 60%のとき 原則 21.7万円以上
賃金基準表	(ⅰ型時給)1,072円 (ⅱ型時給)1,100円 (ⅲ型時給)1,150円	(総支給額) 基本給 等 合計	(総支給額) 基本給 ＋職務手当 等 合計	(総支給額) 基本給 ＋職務手当 ＋役職手当 合計	(総支給額) 基本給 ＋職務手当 ＋役職手当 合計	(総支給額) 基本給 ＋職務手当 ＋役職手当 合計	60歳時の賃金 31万円のときに 再雇用評価率 を掛けた金額
滞留年数	任意	原則2年	原則3年	原則4年	原則7年	退職まで	原則5年
時給	1,072円以上	1,190円以上	1,309円以上	1,428円以上	1547円以上	1,845円以上	1,291円以上
世間相場	最低賃金 1,072円(東京)	～19歳 182.5千円	20歳～24歳 213.1.千円	25歳～29歳 246.2千円	30歳～34歳 275.8千円	35歳～39歳 305.0千円	60歳～65歳 292.8千円

一体型モデル賃金基準表

モデル賃金表シミュレーション

(円)

区分	世間相場（月額賃金）	勤続年数	年令	基本給	勤続加算	職務手当	役職手当	通勤手当	家族手当	賃金合計	年初（賃金計）	賞与	世間相場（賞与）	年収（賞与込み）	世間相場（年収）
パート	最低賃金以上（1,072円）	有期契約期間	定め無し	1,072円（時給）				10,000	1日5時間1ヵ月21日労働のとき	122,560	1,470,720			1,470,720	
入社		1	18	180,000		10,000		10,000		200,000	2,400,000		400,000	2,800,000	
	182,500	2	19	182,500	2,500	10,000		10,000		202,500	2,430,000	405,000	143,800	2,835,000	2,590,000
主任		3	20	185,000	2,500	15,000	10,000	10,000		220,000	2,640,000	440,000		3,080,000	
		4	21	187,500	2,500	15,000	10,000	10,000		222,500	2,670,000	445,000		3,115,000	
係長	213,100	5	22	190,000	2,500	15,000	10,000	10,000		225,000	2,700,000	450,000	376,100	3,150,000	2,933,300
		6	23	192,500	2,500	15,000	20,000	10,000		237,500	2,850,000	475,000		3,325,000	
		7	24	195,000	2,500	15,000	20,000	10,000		240,000	2,880,000	480,000		3,360,000	
		8	25	197,500	2,500	15,000	20,000	10,000		242,500	2,910,000	485,000		3,395,000	
		9	26	200,000	2,500	15,000	20,000	10,000		245,000	2,940,000	490,000		3,430,000	
課長	246,200	10	27	202,500	2,500	20,000	30,000	10,000		262,500	3,150,000	525,000	648,100	3,675,000	3,602,500
		11	28	205,000	2,500	20,000	30,000	10,000		265,000	3,180,000	530,000		3,710,000	
		12	29	207,500	2,500	20,000	30,000	10,000		267,500	3,210,000	535,000		3,745,000	
結婚		13	30	210,000	2,500	20,000	30,000	10,000	10,000	280,000	3,360,000	560,000		3,920,000	
		14	31	212,500	2,500	20,000	30,000	10,000	10,000	282,500	3,390,000	565,000		3,955,000	
	275,800	15	32	215,000	2,500	20,000	30,000	10,000	10,000	285,000	3,420,000	570,000	778,400	3,990,000	4,088,000
		16	33	217,500	2,500	20,000	30,000	10,000	10,000	287,500	3,450,000	575,000		4,025,000	
部長		17	34	220,000	2,500	30,000	40,000	10,000	10,000	310,000	3,720,000	620,000		4,340,000	
		18	35	222,500	2,500	30,000	40,000	10,000	10,000	312,500	3,750,000	625,000		4,375,000	
		19	36	225,000	2,500	30,000	40,000	10,000	10,000	315,000	3,780,000	630,000		4,410,000	
	305,000	20	37	227,500	2,500	30,000	40,000	10,000	10,000	317,500	3,810,000	635,000	910,200	4,445,000	4,570,200
		21	38	230,000	2,500	30,000	40,000	10,000	10,000	320,000	3,840,000	640,000		4,480,000	
		22	39	232,500	2,500	30,000	40,000	10,000	10,000	322,500	3,870,000	645,000		4,515,000	
		23	40	235,000	2,500	35,000	50,000	10,000	10,000	340,000	4,080,000	680,000		4,760,000	
		24	41	237,500	2,500	35,000	50,000	10,000	10,000	342,500	4,110,000	685,000		4,795,000	
	328,000	25	42	240,000	2,500	35,000	50,000	10,000	10,000	345,000	4,140,000	690,000	1,006,100	4,830,000	4,942,100
		26	43	242,500	2,500	35,000	50,000	10,000	10,000	347,500	4,170,000	695,000		4,865,000	
		27	44	245,000	2,500	35,000	50,000	10,000	10,000	350,000	4,200,000	700,000		4,900,000	
		28	45	247,500	2,500	35,000	50,000	10,000	10,000	352,500	4,230,000	705,000		4,935,000	
		29	46	250,000	2,500	35,000	50,000	10,000	10,000	355,000	4,260,000	710,000		4,970,000	
	344,300	30	47	252,500	2,500	35,000	50,000	10,000	10,000	357,500	4,290,000	715,000	1,068,500	5,005,000	5,200,100
		31	48	255,000	2,500	35,000	50,000	10,000	10,000	360,000	4,320,000	720,000		5,040,000	
		32	49	257,500	2,500	35,000	50,000	10,000	10,000	362,500	4,350,000	725,000		5,075,000	
		33	50	260,000	2,500	40,000	60,000	10,000	10,000	380,000	4,560,000	760,000		5,220,000	
		34	51	260,000		40,000	60,000	10,000	10,000	380,000	4,560,000	760,000		5,320,000	
	366,200	35	52	260,000		40,000	60,000	10,000	10,000	380,000	4,560,000	760,000	1,172,300	5,320,000	5,566,700
		36	53	260,000		40,000	60,000	10,000	10,000	380,000	4,560,000	760,000		5,320,000	
		37	54	260,000		40,000	60,000	10,000	10,000	380,000	4,560,000	760,000		5,320,000	
		38	55	260,000		40,000	60,000	10,000	10,000	380,000	4,560,000	760,000		5,320,000	
		39	56	260,000		40,000	60,000	10,000	10,000	380,000	4,560,000	760,000		5,320,000	
	365,500	40	57	260,000		40,000	60,000	10,000	10,000	380,000	4,560,000	760,000	1,146,700	5,320,000	5,532,700
		41	58	260,000		40,000	60,000	10,000	10,000	380,000	4,560,000	760,000		5,320,000	
		42	59	260,000		40,000	60,000	10,000	10,000	380,000	4,560,000	760,000		5,320,000	
定年		43	60	260,000		40,000	60,000	10,000	10,000	380,000	4,560,000	760,000		5,320,000	
再雇用		44	61	208,000				10,000	10,000	228,000	2,736,000	456,000		3,192,000	
評価率60%	292,800	45	62	208,000				10,000	10,000	228,000	2,736,000	456,000	661,300	3,192,000	4,174,900
		46	63	208,000				10,000	10,000	228,000	2,736,000	456,000		3,192,000	
		47	64	208,000				10,000	10,000	228,000	2,736,000	456,000		3,192,000	
	259,800	48	65	208,000				10,000	10,000	228,000	2,736,000	456,000	360,100	3,192,000	3,477,700

令和4年度　地域別最低賃金　答申状況

都道府県名	ランク	目安額	答申された改定額【円】（※1）		引上げ額【円】	目安差額	発効予定年月日
北海道	C	30	920	（ 889 ）	31	+1	2022年 10月2日
青　森	D	30	853	（ 822 ）	31	+1	2022年 10月5日
岩　手	D	30	854	（ 821 ）	33	+3	2022年 10月20日
宮　城	C	30	883	（ 853 ）	30		2022年 10月1日
秋　田	D	30	853	（ 822 ）	31	+1	2022年 10月1日
山　形	D	30	854	（ 822 ）	32	+2	2022年 10月6日
福　島	D	30	858	（ 828 ）	30		2022年 10月6日
茨　城	B	31	911	（ 879 ）	32	+1	2022年 10月1日
栃　木	B	31	913	（ 882 ）	31		2022年 10月1日
群　馬	C	30	895	（ 865 ）	30		2022年 10月8日
埼　玉	A	31	987	（ 956 ）	31		2022年 10月1日
千　葉	A	31	984	（ 953 ）	31		2022年 10月1日
東　京	A	31	1072	（1041 ）	31		2022年 10月1日
神奈川	A	31	1071	（1040 ）	31		2022年 10月1日
新　潟	C	30	890	（ 859 ）	31	+1	2022年 10月1日
富　山	B	31	908	（ 877 ）	31		2022年 10月1日
石　川	C	30	891	（ 861 ）	30		2022年 10月8日
福　井	C	30	888	（ 858 ）	30		2022年 10月2日
山　梨	B	31	898	（ 866 ）	32	+1	2022年 10月20日
長　野	B	31	908	（ 877 ）	31		2022年 10月1日
岐　阜	C	30	910	（ 880 ）	30		2022年 10月1日
静　岡	B	31	944	（ 913 ）	31		2022年 10月5日
愛　知	A	31	986	（ 955 ）	31		2022年 10月1日
三　重	B	31	933	（ 902 ）	31		2022年 10月1日
滋　賀	B	31	927	（ 896 ）	31		2022年 10月6日
京　都	B	31	968	（ 937 ）	31		2022年 10月9日
大　阪	A	31	1023	（ 992 ）	31		2022年 10月1日
兵　庫	B	31	960	（ 928 ）	32	+1	2022年 10月1日
奈　良	C	30	896	（ 866 ）	30		2022年 10月1日
和歌山	C	30	889	（ 859 ）	30		2022年 10月1日
鳥　取	D	30	854	（ 821 ）	33	+3	2022年 10月6日
島　根	D	30	857	（ 824 ）	33	+3	2022年 10月5日
岡　山	C	30	892	（ 862 ）	30		2022年 10月1日
広　島	B	31	930	（ 899 ）	31		2022年 10月1日
山　口	C	30	888	（ 857 ）	31	+1	2022年 10月13日
徳　島	C	30	855	（ 824 ）	31	+1	2022年 10月6日
香　川	C	30	878	（ 848 ）	30		2022年 10月1日
愛　媛	D	30	853	（ 821 ）	32	+2	2022年 10月5日
高　知	D	30	853	（ 820 ）	33	+3	2022年 10月9日
福　岡	C	30	900	（ 870 ）	30		2022年 10月8日
佐　賀	D	30	853	（ 821 ）	32	+2	2022年 10月2日
長　崎	D	30	853	（ 821 ）	32	+2	2022年 10月8日
熊　本	D	30	853	（ 821 ）	32	+2	2022年 10月1日
大　分	D	30	854	（ 822 ）	32	+2	2022年 10月5日
宮　崎	D	30	853	（ 821 ）	32	+2	2022年 10月6日
鹿児島	D	30	853	（ 821 ）	32	+2	2022年 10月6日
沖　縄	D	30	853	（ 820 ）	33	+3	2022年 10月6日
全国加重平均			961	（ 930 ）	31		-

※1　括弧内の数字は改定前の地域別最低賃金額

（臨時労働者）
職種　第1表

令和3年賃金構造基本統計調査
臨時労働者の職種（小分類）別1時間当たり
きまって支給する現金給与額（産業計）

表頭分割	01

区　分	企業規模計（10人以上）					
	年齢	実労働日数	1日当たり所定内実労働時間数	1日当たり超過実労働時間数	1時間当たりきまって支給する現金給与額	労働者数
	歳	日	時間	時間	円	十人
男女計						
管理的職業従事者	46.4	14.8	7.1	0.3	2121	29
研究者	31.9	5.4	3.6	0.0	2372	21
電気・電子・電気通信技術者（通信ネットワーク技術者を除く）	69.5	12.2	7.0	0.9	1948	7
機械技術者	67.8	11.9	7.5	0.1	1934	6
輸送用機器技術者	73.5	10.0	6.5	0.0	4092	0
金属技術者	－	－	－	－	－	－
化学技術者	21.6	6.8	3.5	0.0	1381	11
建築技術者	73.6	5.6	4.2	0.0	2890	80
土木技術者	69.8	10.0	7.0	0.1	1714	10
測量技術者	55.9	11.3	7.6	0.3	1281	23
システムコンサルタント・設計者	－	－	－	－	－	－
ソフトウェア作成者	60.6	16.8	7.8	0.0	2806	24
その他の情報処理・通信技術者	22.3	3.5	6.8	0.0	3021	8
他に分類されない技術者	52.3	12.7	6.1	0.1	1363	19
医師	45.6	2.9	6.8	0.0	10938	4 159
歯科医師	49.9	3.1	5.5	0.0	25831	76
獣医師	70.0	4.8	2.0	0.0	4054	0
薬剤師	57.0	7.7	5.5	0.0	2592	36
保健師	37.8	14.2	7.1	0.1	2004	246
助産師	－	－	－	－	－	－
看護師	53.6	5.9	6.8	0.1	1764	936
准看護師	63.3	11.9	5.6	0.0	1570	36

188

診療放射線技師	47.6	4.3	6.6	0.0	2905	214
臨床検査技師	56.8	8.3	5.5	0.1	1759	96
理学療法士, 作業療法士, 言語聴覚士, 視能訓練士	45.6	9.1	4.3	0.0	3581	31
歯科衛生士	30.5	4.0	7.2	0.0	1448	4
歯科技工士	–	–	–	–	–	–
栄養士	42.0	17.9	3.2	0.0	1083	5
その他の保健医療従事者	50.3	19.3	8.0	0.0	1538	134
保育士	55.1	12.6	5.5	0.0	1140	510
介護支援専門員 （ケアマネージャー）	67.5	12.0	8.0	0.0	929	10
その他の社会福祉専門職業従事者	38.9	8.9	5.2	0.0	1539	156
法務従事者	44.5	3.0	1.7	0.0	4500	0
公認会計士, 税理士	77.5	2.0	7.0	0.0	6720	3
その他の経営・金融・保険専門職業従事者	53.3	8.0	7.4	0.0	3376	29
幼稚園教員, 保育教諭	44.1	14.6	6.1	0.0	1137	90
小・中学校教員	–	–	–	–	–	–
高等学校教員	59.9	14.9	4.3	0.0	1733	9
大学教授（高専含む）	62.5	3.7	2.8	0.0	8545	9
大学准教授（高専含む）	49.8	7.0	3.9	0.0	6642	3
大学講師・助教（高専含む）	53.6	4.7	3.4	0.0	5743	34
その他の教員	37.7	5.5	2.5	0.0	4842	277
宗教家	55.5	3.1	7.1	0.0	1941	2
著述家, 記者, 編集者	66.6	2.6	3.9	0.0	9508	12
美術家, 写真家, 映像撮影者	46.5	4.9	6.0	0.2	1194	15
デザイナー	42.3	1.3	4.0	0.0	7265	10
音楽家, 舞台芸術家	38.8	3.3	3.9	0.1	6241	46
個人教師	33.1	9.2	3.4	0.0	1653	231
他に分類されない専門的職業従事者	51.5	5.5	4.1	0.1	1722	43
庶務・人事事務員	50.3	11.1	4.7	0.1	1546	280
企画事務員	31.6	17.0	5.8	1.2	1196	10
受付・案内事務員	51.4	11.5	5.8	0.0	1237	210
秘書	–	–	–	–	–	–
電話応接事務員	62.6	10.7	9.8	0.3	1453	93

令和3年賃金構造基本統計調査
臨時労働者の職種（小分類）別1時間当たり
きまって支給する現金給与額（産業計）

表頭分割	01

区　分	企業規模計（10人以上）					
	年齢	実労働日数	1日当たり所定内実労働時間数	1日当たり超過実労働時間数	1時間当たりきまって支給する現金給与額	労働者数
	歳	日	時間	時間	円	十人
総合事務員	40.9	9.2	5.4	0.0	1157	253
その他の一般事務従事者	45.2	6.3	5.7	0.1	1431	620
会計事務従事者	58.9	13.3	5.5	0.0	1231	106
生産関連事務従事者	55.2	14.3	5.6	0.0	1038	111
営業・販売事務従事者	52.6	11.8	6.2	0.0	1222	89
外勤事務従事者	-	-	-	-	-	-
運輸・郵便事務従事者	57.8	7.9	5.1	1.1	1186	207
事務用機器操作員	49.8	14.3	6.0	0.0	1411	24
販売店員	46.3	9.3	5.7	0.0	1132	867
その他の商品販売従事者	67.8	18.4	4.9	0.0	1849	15
販売類似職業従事者	37.5	8.4	6.1	0.0	1194	15
自動車営業職業従事者	38.5	3.0	8.0	0.0	2393	2
機械器具・通信・システム営業職業従事者（自動車を除く）	29.5	20.7	7.5	1.1	1820	8
金融営業職業従事者	-	-	-		-	-
保険営業職業従事者	-	-	-		-	-
その他の営業職業従事者	48.1	9.5	6.1	0.0	2395	38
介護職員（医療・福祉施設等）	55.4	12.7	5.3	0.0	1276	724
訪問介護従事者	58.6	15.8	3.3	0.0	2023	55
看護助手	52.7	12.7	6.2	0.0	1089	70
その他の保健医療サービス職業従事者	67.2	3.8	2.4	0.0	1037	166
理容・美容師	78.5	16.0	3.9	0.0	1025	0
美容サービス・浴場従事者（美容師を除く）	45.2	7.5	4.1	0.0	1106	19

クリーニング職，洗張職	50.4	11.4	4.5	0.0	1619	160
飲食物調理従事者	43.4	8.9	4.7	0.1	1365	372
飲食物給仕従事者	30.6	6.0	4.8	0.1	1149	901
航空機客室乗務員	–	–	–	–	–	–
身の回り世話従事者	52.8	8.3	5.6	0.0	1884	242
娯楽場等接客員	44.6	6.5	6.6	0.0	1352	421
居住施設・ビル等管理人	67.1	9.6	6.3	0.0	974	20
その他のサービス職業従事者	45.5	6.7	5.3	0.1	1107	990
警備員	66.2	9.7	7.1	0.1	1137	280
その他の保安職業従事者	56.4	10.7	6.6	0.1	1244	163
農林漁業従事者	65.4	9.3	5.7	0.0	1060	55
製銑・製鋼・非鉄金属製錬従事者	70.9	11.2	6.0	0.4	1952	3
鋳物製造・鍛造従事者	54.3	9.1	7.5	0.2	1461	3
金属工作機械作業従事者	27.3	7.7	6.8	0.0	963	15
金属プレス従事者	62.9	16.3	7.3	0.0	1060	5
鉄工，製缶従事者	74.5	15.0	8.0	0.0	1281	4
板金従事者	66.5	21.0	5.8	0.0	1271	1
金属彫刻・表面処理従事者	–	–	–	–	–	–
金属溶接・溶断従事者	61.3	15.1	7.7	0.0	1687	16
その他の製品製造・加工処理従事者（金属製品）	61.5	16.7	6.9	0.9	1207	42
化学製品製造従事者	65.9	8.4	5.7	0.0	5287	6
窯業・土石製品製造従事者	70.5	8.5	6.4	0.1	1523	5
食料品・飲料・たばこ製造従事者	45.8	9.8	6.4	0.1	1102	577
紡織・衣服・繊維製品製造従事者	53.6	5.9	5.4	0.0	880	10
木・紙製品製造従事者	54.1	17.4	7.3	0.8	1117	26
印刷・製本従事者	55.7	11.1	4.3	0.0	1566	19
ゴム・プラスチック製品製造従事者	44.1	8.9	7.2	0.0	1013	343
その他の製品製造・加工処理従事者（金属製品を除く）	47.9	11.4	6.8	0.0	1003	12
はん用・生産用・業務用機械器具組立従事者	37.5	3.0	8.0	0.0	1215	5
電気機械器具組立従事者	54.0	16.1	5.9	0.0	972	36
自動車組立従事者	–	–	–	–	–	–
その他の機械組立従事者	59.7	16.7	5.6	0.0	940	3
はん用・生産用・業務用機械器具・電気機械器具整備・修理従事者	71.4	9.6	5.4	0.0	1344	25

（臨時労働者）
職種　第1表

令和3年賃金構造基本統計調査
臨時労働者の職種（小分類）別1時間当たり
きまって支給する現金給与額（産業計）

表頭分割	01

区　分	企業規模計（10人以上）					
	年齢	実労働日数	1日当たり所定内実労働時間数	1日当たり超過実労働時間数	1時間当たりきまって支給する現金給与額	労働者数
	歳	日	時間	時間	円	十人
自動車整備・修理従事者	35.5	7.9	5.1	0.0	2902	17
その他の機械整備・修理従事者	61.8	9.6	8.0	0.0	1351	9
製品検査従事者（金属製品）	39.3	21.0	6.7	1.0	1793	6
製品検査従事者（金属製品を除く）	49.1	18.0	4.6	0.0	1041	8
機械検査従事者	-	-	-	-	-	-
画工，塗装・看板制作従事者	65.0	12.5	6.2	0.0	1348	4
製図その他生産関連・生産類似作業従事者	53.0	9.5	6.7	0.0	1574	30
鉄道運転従事者	-	-	-	-	-	-
バス運転者	70.5	10.2	4.8	0.0	1209	125
タクシー運転者	69.0	15.1	5.9	0.2	1054	159
乗用自動車運転者（タクシー運転者を除く）	69.1	18.9	5.1	0.0	1133	48
営業用大型貨物自動車運転者	67.4	5.8	7.6	0.5	1410	66
営業用貨物自動車運転者（大型車を除く）	46.3	7.5	5.5	0.1	1195	410
自家用貨物自動車運転者	58.6	17.5	7.6	0.4	1249	22
その他の自動車運転従事者	71.5	15.0	7.7	1.3	1151	1
航空機操縦士	-	-	-	-	-	-
車掌	56.0	5.5	5.3	0.0	1488	27
他に分類されない輸送従事者	48.4	14.1	6.0	0.4	1251	54
発電員，変電員	69.9	16.0	7.1	0.4	2322	6
クレーン・ウインチ運転従事者	71.9	6.9	7.7	0.3	1293	2
建設・さく井機械運転従事者	65.3	8.8	7.7	0.0	1462	4

その他の定置・建設機械運転従事者	53.0	11.7	3.9	0.1	1367	58
建設躯体工事従事者	68.1	12.6	6.6	0.0	1057	19
大工	49.0	23.0	8.0	0.4	1367	0
配管従事者	66.2	1.3	3.6	0.0	1001	17
その他の建設従事者	48.6	14.6	7.0	0.1	1388	219
電気工事従事者	61.5	11.0	6.5	0.0	1936	18
土木従事者, 鉄道線路工事従事者	63.5	11.5	6.6	0.0	1561	235
ダム・トンネル掘削従事者, 採掘従事者	68.8	14.8	8.0	0.1	1503	1
船内・沿岸荷役従事者	51.1	14.8	7.8	0.6	1197	68
その他の運搬従事者	49.5	9.7	6.2	0.1	1113	2 688
ビル・建物清掃員	62.7	11.3	4.8	0.0	1034	264
清掃員（ビル・建物を除く）, 廃棄物処理従事者	62.8	11.5	5.0	0.0	1045	63
包装従事者	42.0	13.5	5.7	0.1	1181	101
他に分類されない運搬・清掃・包装等従事者	55.9	11.8	4.4	0.0	1089	462
不詳	43.5	13.9	4.5	0.0	1458	437

令和3年賃金構造基本統計調査

第1表 年齢階級別きまって支給する現金給与額、所定内給与額及び年間賞与その他特別給与額（建設業）

表頭分割	01
民公区分	民営事業所
産業	D 建設業

区　分	企業規模計（10人以上）							
	年齢	勤続年数	所定内実労働時間数	超過実労働時間数	きまって支給する現金給与額	所定内給与額	年間賞与その他特別給与額	労働者数
	歳	年	時間	時間	千円	千円	千円	十人
男女計学歴計	44.5	13.4	171	13	363.0	333.2	1014.4	182 353
～19歳	19.1	0.9	173	11	209.8	192.3	168.3	2 523
20～24歳	23.0	2.4	171	18	252.3	221.5	469.8	14 850
25～29歳	27.4	4.8	170	20	297.0	255.9	840.6	16 992
30～34歳	32.5	7.5	171	19	336.2	292.3	939.8	15 732
35～39歳	37.6	9.6	171	16	355.3	315.9	1009.3	17 147
40～44歳	42.7	13.4	172	14	391.5	355.5	1142.5	21 439
45～49歳	47.6	16.2	171	11	402.8	371.6	1249.2	27 451
50～54歳	52.3	18.6	171	9	433.5	409.4	1439.4	22 867
55～59歳	57.5	20.2	171	8	425.8	406.2	1311.1	17 256
60～64歳	62.4	21.1	170	6	362.5	347.5	823.9	14 952
65～69歳	67.1	20.2	169	5	317.4	305.8	448.2	7 607
70歳～	73.0	20.2	167	3	265.8	258.9	322.8	3 536

1,000人以上							
年齢	勤続年数	所定内実労働時間数	超過実労働時間数	きまって支給する現金給与額	所定内給与額	年間賞与その他特別給与額	労働者数
歳	年	時間	時間	千円	千円	千円	十人
42.4	16.1	164	20	458.2	404.9	1819.3	34 537
19.1	1.0	167	21	224.2	191.8	249.8	275
23.3	1.9	166	22	267.4	225.2	577.3	3 476
27.4	5.1	163	33	348.0	273.8	1338.9	4 216
32.4	9.6	163	31	414.0	332.1	1549.5	3 590
37.5	11.9	165	28	461.3	384.0	1909.0	3 098
42.7	15.9	164	22	488.8	419.5	1950.4	3 907
47.7	20.4	163	18	506.7	450.9	2232.6	4 999
52.4	25.3	166	10	564.7	534.4	2708.5	5 018
57.5	28.5	165	7	596.9	575.2	2725.5	3 052
62.3	26.9	164	10	485.9	460.7	1260.5	2 007
66.6	28.3	165	10	440.5	418.5	472.0	780
71.8	20.8	163	6	287.0	274.5	400.5	119

令和3年賃金構造基本統計調査
　第1表　年齢階級別きまって支給する現金給与額、所定内給与額及
　び年間賞与その他特別給与額（製造業）

表頭分割	01
民公区分	民営事業所
産業	E製造業

区　分	企業規模計（10人以上）							
	年齢	勤続年数	所定内実労働時間数	超過実労働時間数	きまって支給する現金給与額	所定内給与額	年間賞与その他特別給与額	労働者数
	歳	年	時間	時間	千円	千円	千円	十人
男女計学歴計	43.1	14.6	166	15	330.4	294.9	955.3	622 742
～19歳	19.1	0.9	166	12	204.8	182.0	170.4	11 203
20～24歳	22.7	2.8	166	18	232.1	199.0	467.2	46 772
25～29歳	27.5	5.0	166	19	269.5	229.9	683.3	59 180
30～34歳	32.5	8.3	165	20	306.0	260.3	858.0	64 973
35～39歳	37.5	11.1	165	18	333.9	289.4	980.0	67 837
40～44歳	42.6	14.2	166	16	352.3	311.3	1059.9	77 712
45～49歳	47.5	17.9	166	14	370.5	332.4	1156.3	93 344
50～54歳	52.4	21.3	166	12	393.0	359.8	1283.7	82 728
55～59歳	57.4	24.4	165	10	389.9	361.9	1272.1	64 677
60～64歳	62.3	23.2	164	7	280.7	265.7	656.9	37 303
65～69歳	67.2	21.0	165	6	237.4	226.9	329.1	11 577
70歳～	73.3	23.0	164	4	227.2	221.1	254.2	5 433

1,000人以上							
年齢	勤続年数	所定内実労働時間数	超過実労働時間数	きまって支給する現金給与額	所定内給与額	年間賞与その他特別給与額	労働者数
歳	年	時間	時間	千円	千円	千円	十人
42.1	16.8	162	18	395.5	343.3	1481.4	189 031
19.1	1.0	163	13	215.9	186.8	240.9	4 217
22.7	3.0	162	20	253.9	211.2	602.3	15 164
27.5	5.3	162	23	306.7	252.2	948.3	19 662
32.5	9.4	161	24	359.8	295.5	1246.3	21 630
37.6	12.3	162	22	402.9	337.7	1490.3	21 046
42.5	16.3	162	19	425.7	365.6	1654.3	23 116
47.5	21.8	163	17	449.5	392.6	1809.2	26 898
52.5	26.2	164	15	485.9	436.5	2053.3	25 208
57.5	30.8	162	12	487.7	447.0	2090.0	20 811
62.3	27.3	161	9	307.4	286.1	1045.9	9 698
66.9	21.7	162	9	250.2	231.6	396.2	1 390
72.1	22.9	159	5	222.8	213.8	261.3	190

令和3年賃金構造基本統計調査
第1表　年齢階級別きまって支給する現金給与額、所定内給与額及び年間賞与その他特別給与額（卸売業、小売業）

表頭分割	01
民公区分	民営事業所
産業	Ⅰ卸売業，小売業

区　分	企業規模計（10人以上）							
	年齢	勤続年数	所定内実労働時間数	超過実労働時間数	きまって支給する現金給与額	所定内給与額	年間賞与その他特別給与額	労働者数
	歳	年	時間	時間	千円	千円	千円	十人
男女計学歴計	42.7	13.1	165	9	327.7	308.0	867.4	463 651
〜19歳	19.0	0.9	168	7	191.0	181.1	89.2	3 696
20〜24歳	23.1	2.0	166	10	228.1	211.3	327.7	34 826
25〜29歳	27.5	4.3	166	13	275.1	248.2	632.4	54 330
30〜34歳	32.5	7.2	165	11	299.7	274.3	746.4	49 599
35〜39歳	37.5	10.3	165	11	328.7	304.3	897.8	52 141
40〜44歳	42.5	13.3	166	9	349.8	327.4	999.5	57 745
45〜49歳	47.5	16.5	166	8	367.2	348.4	1072.3	69 341
50〜54歳	52.4	19.8	165	6	393.2	377.3	1232.9	58 511
55〜59歳	57.4	22.2	165	6	384.0	369.7	1136.2	43 221
60〜64歳	62.3	21.5	163	5	291.5	281.3	580.3	27 615
65〜69歳	67.1	19.7	162	4	241.4	234.6	251.5	8 901
70歳〜	72.9	19.9	162	4	235.9	228.9	183.1	3 725

1,000人以上							
年齢	勤続年数	所定内実労働時間数	超過実労働時間数	きまって支給する現金給与額	所定内給与額	年間賞与その他特別給与額	労働者数
歳	年	時間	時間	千円	千円	千円	十人
42.3	13.8	162	10	345.4	320.2	1023.9	167 284
19.0	0.9	165	5	189.7	182.4	75.0	1 075
23.2	2.0	164	11	237.3	218.9	325.5	12 997
27.4	4.4	166	16	301.1	265.0	671.2	21 735
32.6	7.8	164	13	323.6	290.2	830.6	17 916
37.5	11.2	163	13	355.0	324.0	1048.6	18 429
42.5	14.1	163	11	367.4	338.4	1154.4	20 586
47.5	17.9	162	9	379.2	355.7	1271.0	24 284
52.4	21.8	161	8	418.4	398.8	1589.3	21 368
57.3	24.0	161	7	398.1	380.8	1378.7	16 060
62.2	21.1	157	6	289.6	277.3	685.0	10 025
67.0	17.3	154	4	218.3	211.1	240.3	2 186
71.9	11.1	156	4	187.6	180.6	99.5	624

令和3年賃金構造基本統計調査
第1表　年齢階級別きまって支給する現金給与額、所定内給与額及び年間賞与その他特別給与額（運輸業、郵便業）

表頭分割	01
民公区分	民営事業所
産業	H 運輸業，郵便業

区　分	企業規模計（10人以上）							
	年齢	勤続年数	所定内実労働時間数	超過実労働時間数	きまって支給する現金給与額	所定内給与額	年間賞与その他特別給与額	労働者数
	歳	年	時間	時間	千円	千円	千円	十人
男女計学歴計	46.9	12.6	168	23	325.4	278.5	623.2	225 170
〜19歳	19.1	0.9	167	16	205.3	182.8	168.7	1 731
20〜24歳	22.9	2.4	165	20	242.8	209.0	439.4	10 805
25〜29歳	27.5	4.3	164	22	281.5	239.2	595.1	14 235
30〜34歳	32.6	7.0	165	23	310.7	264.4	665.6	15 642
35〜39歳	37.6	9.4	168	25	336.2	285.4	725.9	21 129
40〜44歳	42.6	11.3	169	26	349.8	295.1	731.2	26 271
45〜49歳	47.6	13.7	171	26	360.0	305.1	732.6	37 796
50〜54歳	52.4	15.8	171	25	356.8	304.2	691.7	36 799
55〜59歳	57.4	17.5	169	23	346.2	297.8	679.4	28 642
60〜64歳	62.3	17.4	168	17	284.3	250.4	391.6	18 938
65〜69歳	67.2	15.5	166	14	242.1	217.2	159.0	8 863
70歳〜	72.8	16.8	162	9	220.7	204.0	101.2	4 320

1,000人以上							
年齢	勤続年数	所定内実労働時間数	超過実労働時間数	きまって支給する現金給与額	所定内給与額	年間賞与その他特別給与額	労働者数
歳	年	時間	時間	千円	千円	千円	十人
43.3	14.1	163	22	347.8	299.4	920.6	79 798
19.1	0.9	165	17	208.6	184.3	145.6	794
23.0	2.5	163	20	244.6	211.2	486.1	5 785
27.4	4.6	160	23	283.7	239.7	736.6	7 368
32.6	8.2	161	22	325.2	277.6	831.2	7 564
37.5	11.3	161	24	355.3	302.1	968.1	9 174
42.6	14.0	162	26	373.1	316.9	1022.1	10 441
47.6	17.3	165	24	393.4	337.8	1104.6	13 474
52.4	20.1	165	24	396.5	343.3	1093.3	10 861
57.4	23.4	162	19	384.6	337.9	1104.2	8 604
62.2	20.7	159	14	282.6	254.0	625.6	4 466
67.2	16.8	160	14	233.2	210.4	189.8	1 043
72.4	23.8	154	19	198.8	168.7	81.3	223

令和3年賃金構造基本統計調査
第1表　年齢階級別きまって支給する現金給与額、所定内給与額及び年間賞与その他特別給与額（宿泊業、飲食サービス業）

表頭分割	01
民公区分	民営事業所
産業	M 宿泊業, 飲食サービス業

区　分	企業規模計（10人以上）							
	年齢	勤続年数	所定内実労働時間数	超過実労働時間数	きまって支給する現金給与額	所定内給与額	年間賞与その他特別給与額	労働者数
	歳	年	時間	時間	千円	千円	千円	十人
男女計学歴計	42.5	9.8	166	9	275.3	257.6	311.8	73 204
～19歳	19.0	1.1	162	8	185.9	172.4	40.6	882
20～24歳	22.8	2.3	166	10	211.1	195.8	151.0	8 077
25～29歳	27.5	4.4	168	11	245.4	226.1	265.2	7 958
30～34歳	32.5	6.8	165	9	264.5	244.6	317.3	7 085
35～39歳	37.4	8.6	166	10	288.1	266.3	349.9	7 954
40～44歳	42.6	11.4	168	9	310.2	288.8	406.8	8 936
45～49歳	47.5	12.5	168	9	312.0	292.3	396.8	9 827
50～54歳	52.4	13.5	166	7	308.2	292.9	400.3	8 338
55～59歳	57.5	14.8	166	6	301.9	287.7	372.5	6 140
60～64歳	62.4	14.4	166	7	259.5	246.6	215.3	4 449
65～69歳	67.2	13.9	163	6	217.2	207.7	107.3	2 249
70歳～	73.3	14.5	161	6	197.8	187.9	51.3	1 311

1,000人以上							
年齢	勤続年数	所定内実労働時間数	超過実労働時間数	きまって支給する現金給与額	所定内給与額	年間賞与その他特別給与額	労働者数
歳	年	時間	時間	千円	千円	千円	十人
40.8	10.1	164	10	287.8	268.6	437.2	27 850
19.2	1.0	165	9	200.4	183.4	68.4	278
22.9	2.3	166	11	223.2	205.6	210.0	3 642
27.3	4.6	166	12	256.8	235.4	382.2	3 453
32.4	7.1	163	10	282.9	261.9	444.3	2 915
37.4	9.4	163	11	300.5	278.4	502.5	2 972
42.6	12.7	166	9	329.0	309.1	559.4	3 637
47.5	14.1	166	9	327.7	306.7	558.4	3 796
52.3	15.4	162	7	322.1	306.1	558.6	2 876
57.4	17.3	163	6	317.9	302.7	548.5	2 212
62.3	13.7	164	11	249.8	233.1	227.3	1 159
67.2	12.6	163	10	213.9	198.9	55.1	572
72.9	11.1	157	11	177.0	163.0	43.8	338

令和3年賃金構造基本統計調査
第1表　年齢階級別きまって支給する現金給与額、所定内給与額及び年間賞与その他特別給与額（医療、福祉）

表頭分割	01
民公区分	民営事業所
産業	P 医療，福祉

区　分	企業規模計（10人以上）							
	年齢	勤続年数	所定内実労働時間数	超過実労働時間数	きまって支給する現金給与額	所定内給与額	年間賞与その他特別給与額	労働者数
	歳	年	時間	時間	千円	千円	千円	十人
男女計学歴計	42.8	9.0	162	6	312.3	291.7	701.1	441 158
〜19歳	19.1	0.8	165	3	187.9	181.5	103.5	1 720
20〜24歳	23.1	1.8	164	5	241.7	225.4	387.4	37 360
25〜29歳	27.4	4.0	163	7	275.8	250.9	592.0	52 331
30〜34歳	32.6	6.3	162	7	295.2	271.2	657.0	46 950
35〜39歳	37.6	8.3	161	6	315.4	291.1	731.5	49 877
40〜44歳	42.6	9.8	162	6	326.7	303.4	791.1	55 485
45〜49歳	47.4	10.9	163	6	333.4	312.4	819.9	60 532
50〜54歳	52.4	11.8	163	5	339.5	318.9	817.1	49 957
55〜59歳	57.4	13.9	163	4	346.1	328.8	857.8	43 420
60〜64歳	62.3	13.8	163	3	318.3	306.4	623.9	27 985
65〜69歳	67.2	13.1	162	3	325.8	316.2	496.2	10 796
70歳〜	73.4	15.7	161	2	351.8	346.6	409.7	4 746

1,000人以上							
年齢	勤続年数	所定内実労働時間数	超過実労働時間数	きまって支給する現金給与額	所定内給与額	年間賞与その他特別給与額	労働者数
歳	年	時間	時間	千円	千円	千円	十人
40.4	9.0	160	9	369.3	332.9	877.5	101 529
19.2	0.8	167	3	200.4	194.6	93.8	316
23.3	1.7	161	7	268.9	243.4	428.2	11 642
27.4	3.8	160	12	328.1	282.7	680.6	15 216
32.4	6.3	159	11	357.6	311.8	757.4	12 364
37.6	8.7	159	10	386.3	343.4	943.3	12 086
42.6	10.6	160	10	400.3	358.0	1064.6	12 475
47.5	12.4	161	9	400.5	365.2	1058.3	12 532
52.4	13.8	160	8	424.7	390.2	1136.3	9 886
57.4	16.7	161	6	412.6	387.7	1198.8	8 418
62.3	14.6	161	4	383.9	368.1	878.2	5 006
67.2	13.0	159	4	405.1	392.6	494.8	1 174
72.8	12.0	162	2	320.4	314.8	263.1	413

令和３年賃金構造基本統計調査
第１表　年齢階級別きまって支給する現金給与額、所定内給与額及び年間賞与その他特別給与額（サービス業、他に分類されないもの）

表頭分割	01
民公区分	民営事業所
産業	Ｒサービス業 （他に分類されないもの）

区　分	企業規模計（10人以上）							
	年齢	勤続年数	所定内実労働時間数	超過実労働時間数	きまって支給する現金給与額	所定内給与額	年間賞与その他特別給与額	労働者数
	歳	年	時間	時間	千円	千円	千円	十人
男女計 学歴計	45.1	9.2	164	11	289.0	265.5	521.2	244 679
～19歳	19.1	0.9	165	8	201.9	189.4	116.6	1 357
20～24歳	23.1	1.8	164	11	230.7	211.3	220.2	15 126
25～29歳	27.5	3.3	165	12	255.5	232.5	385.5	24 686
30～34歳	32.4	5.3	164	13	277.2	251.3	476.8	23 486
35～39歳	37.6	7.8	164	14	301.5	269.1	574.2	24 911
40～44歳	42.6	10.0	164	13	313.7	284.4	656.6	28 517
45～49歳	47.4	11.4	165	11	319.1	293.4	653.0	35 025
50～54歳	52.4	12.8	165	11	323.2	298.4	680.8	30 333
55～59歳	57.4	12.9	165	10	313.0	292.0	651.3	24 535
60～64歳	62.4	11.9	164	8	266.5	251.3	413.1	18 992
65～69歳	67.3	11.2	165	6	231.5	220.1	198.7	11 497
70歳～	73.1	11.7	164	5	207.8	200.0	105.3	6 215

				1,000人以上				
年齢	勤続年数	所定内実労働時間数	超過実労働時間数	きまって支給する現金給与額	所定内給与額	年間賞与その他特別給与額	労働者数
歳	年	時間	時間	千円	千円	千円	十人
43.2	8.7	164	12	295.1	269.7	532.3	104 191
19.2	0.8	163	10	211.1	195.4	160.6	556
23.3	1.6	163	12	236.2	215.8	217.8	7 728
27.5	3.1	165	13	259.8	236.1	394.1	12 917
32.4	5.0	162	14	280.6	251.8	464.6	11 286
37.5	7.4	162	15	301.5	268.2	579.8	10 961
42.6	9.8	163	14	322.8	291.5	671.4	12 150
47.4	11.6	164	11	325.8	299.4	683.9	15 064
52.4	12.9	163	11	330.1	304.5	719.2	12 621
57.3	12.7	164	10	318.0	295.6	627.0	9 725
62.3	12.4	165	9	279.3	261.0	415.4	6 247
67.2	11.8	167	7	239.1	227.3	189.1	3 641
72.8	12.1	167	6	214.1	204.4	61.0	1 297

令和3年賃金構造基本統計調査
　第1表　年齢階級別きまって支給する現金給与額、所定内給与額及び年間賞与その他特別給与額（不動産業、物品賃貸業）

表頭分割	01
民公区分	民営事業所
産業	K 不動産業，物品賃貸業

区　分	企業規模計（10人以上）							
	年齢	勤続年数	所定内実労働時間数	超過実労働時間数	きまって支給する現金給与額	所定内給与額	年間賞与その他特別給与額	労働者数
	歳	年	時間	時間	千円	千円	千円	十人
男女計学歴計	43.2	10.4	164	11	350.6	326.1	1093.9	46 687
～19歳	19.0	0.8	168	4	182.7	176.2	73.4	173
20～24歳	23.3	1.7	165	14	247.4	222.4	371.5	3 768
25～29歳	27.4	3.8	164	16	285.5	252.8	838.5	5 652
30～34歳	32.4	5.9	165	14	317.5	286.5	1011.4	5 256
35～39歳	37.5	8.9	165	13	369.0	336.5	1271.5	5 260
40～44歳	42.6	11.4	164	10	380.8	354.8	1315.8	5 300
45～49歳	47.5	13.7	166	9	403.0	380.6	1375.0	6 163
50～54歳	52.4	16.5	164	9	423.5	402.1	1468.4	5 322
55～59歳	57.4	18.1	164	6	435.2	418.9	1568.4	4 167
60～64歳	62.4	14.0	163	6	316.5	304.0	764.6	2 910
65～69歳	67.4	10.1	161	8	264.9	250.0	358.6	1 902
70歳～	72.5	13.5	160	4	228.0	222.0	258.7	813

				1,000人以上			
年齢	勤続年数	所定内実労働時間数	超過実労働時間数	きまって支給する現金給与額	所定内給与額	年間賞与その他特別給与額	労働者数
歳	年	時間	時間	千円	千円	千円	十人
43.1	11.1	160	17	372.4	335.3	1402.9	17 001
19.0	0.6	174	2	181.8	178.8	24.9	61
23.4	1.6	159	23	263.5	224.9	442.5	1 489
27.4	3.9	158	25	311.4	261.5	1107.3	2 174
32.4	6.2	160	21	340.5	292.8	1340.7	1 943
37.5	9.9	161	20	405.2	355.5	1761.7	1 996
42.6	12.7	160	15	406.1	367.5	1814.9	1 752
47.5	15.2	163	12	435.1	403.9	1816.9	2 163
52.3	18.3	161	14	455.3	421.8	1848.1	1 855
57.4	23.3	161	10	488.4	461.0	2210.3	1 291
62.3	14.3	162	8	314.7	297.6	840.8	937
67.5	9.1	159	12	279.5	258.0	384.2	953
72.1	11.8	159	6	235.2	227.1	293.8	385

令和3年賃金構造基本統計調査
　第1表　年齢階級別きまって支給する現金給与額、所定内給与額及び年間賞与その他特別給与額（金融業、保険業）

表頭分割	01
民公区分	民営事業所
産業	J 金融業，保険業

区　分	企業規模計（10人以上）							
	年齢	勤続年数	所定内実労働時間数	超過実労働時間数	きまって支給する現金給与額	所定内給与額	年間賞与その他特別給与額	労働者数
	歳	年	時間	時間	千円	千円	千円	十人
男女計学歴計	42.7	14.1	155	10	410.3	383.5	1461.4	101 796
～19歳	18.9	0.8	161	2	172.5	170.6	86.5	354
20～24歳	23.4	1.6	156	11	243.0	223.5	427.1	8 152
25～29歳	27.3	4.4	156	18	305.0	268.4	1009.1	13 970
30～34歳	32.5	7.9	155	15	371.6	331.6	1263.9	10 060
35～39歳	37.4	11.3	155	13	435.1	395.6	1589.0	11 602
40～44歳	42.6	14.3	156	10	461.6	431.1	1763.5	10 038
45～49歳	47.6	17.8	156	7	482.1	460.5	1906.0	13 776
50～54歳	52.5	21.6	156	7	506.1	484.3	2055.3	14 589
55～59歳	57.4	23.2	155	7	472.9	453.7	1668.7	11 273
60～64歳	62.2	21.9	152	5	341.7	331.2	946.6	5 737
65～69歳	67.3	24.5	148	1	324.8	323.3	749.8	1 558
70歳～	72.9	30.4	141	0	328.7	328.4	948.1	686

1,000人以上							
年齢	勤続年数	所定内実労働時間数	超過実労働時間数	きまって支給する現金給与額	所定内給与額	年間賞与その他特別給与額	労働者数
歳	年	時間	時間	千円	千円	千円	十人
42.8	14.3	153	11	408.3	380.0	1469.4	74 035
18.8	0.8	156	2	182.9	180.6	81.5	166
23.5	1.5	154	13	248.1	226.1	436.3	5 760
27.4	4.4	154	18	309.7	271.4	1031.9	10 419
32.5	7.9	153	15	373.5	331.4	1263.1	7 221
37.3	11.4	153	14	431.3	390.7	1619.7	8 411
42.6	14.4	154	10	455.9	424.3	1770.2	7 323
47.6	17.7	155	8	481.7	459.0	1930.7	9 955
52.5	21.9	154	8	503.8	480.9	2086.1	10 923
57.3	23.9	153	8	449.3	428.3	1584.3	7 930
62.2	21.7	149	5	342.1	330.4	875.9	4 043
67.3	26.2	146	1	338.0	336.8	842.0	1 257
72.9	31.4	140	0	329.3	329.3	1003.3	628

労働契約書

契約期間	自平成　　年　月　日至平成　　年　月　日（パート等）又は　　期間の定めなし （正社員等）		
就業場所			
従事すべき 業務の内容			
就業時間	始業・終業の 時刻	自　　　　時　　　分　　至　　　　時　　　　分	
	休憩時間	時　　　　分　より　　　　時　　　　分まで 　　　時　　　　分　より　　　　時　　　　分まで	
休　　　日	曜日、国民の祝日、その他（　　　　　　　　　　　　　　　　　　　　　）		
賃　　　金	給与区分	日給・月給・日給月給・時給・その他（　　　　　　　　）	
	基本給	（月・日・時）給　　　　　　　　　　　　　　　円	
	諸手当	職務手当　　　　　　　円　（定期的に職務内容、勤務内容等の評価により変更がある）	
		役職手当　　　　　　　円（役職がなくなると支給しない）	
		家族手当　　　　　　　円	
		通勤手当　1．全額支給　　2．定額支給　　　　　　　円	
	割増賃金率	法定時間外（　　25　　）％　令和5年4月から60時間超プラス25％	
		法定休日（　　35　　）％　　法定外休日（　　25　　）％	
		深夜（　　25　　）％	
	その他条件	賞与（有・無）　昇給（有・無）　退職金（有・無）	
	締切日／支払日	毎月　　　　　日締切　／（当・翌）月　　　　　日支払	
	有期契約の時の 更新条件	無（更新はしない）・有（本人の勤務実態、適格性、会社の経営状況などにより更新することがある）	
その他	就業時間・休日は業務の都合により変更することがある。退職等については就業規則の定めによるものとする。雇用に関する相談窓口は社長が担当するものとする。		

　　　　　年　　　月　　　日
　　　　　　労働者氏名　　　　　　　　　　　　　　　　　　　　　　印

　　　　　　　　所在地

「加入月額比例方式の退職金規程」

（適用範囲と考え方）
第１条　この規程の適用には、期間を定めて雇用される非正規従業員などに適用するものとする。但し、正規従業員にもこの制度を適用することがあるものとする。なお、当社の退職金を支給するときは、在職時の功労報償説として支給するものとする。

（退職金の算定方式）
第２条　退職金は加給月額比例方式で、入社からの在職月数に応じて、入社時に定められた月額単価の勤務月数分支給ものとする。月額単価は1,000円から10,000円の範囲内で入社の勤務条件で定めるものとする。

（退職金額）
第３条　当該規程の適用を受ける従業員が３年以上勤務した場合であって、次の各号のいずれかに該当する事由により退職したときは、入社からの勤務月数に月額単価をかけたものを支給するものとする。
　　（１）　更新の契約期間満了により退職したとき
　　（２）　定年に達したとき
　　（３）　業務外の私傷病により担当職務に耐え得ないと認めたとき
　　（４）　業務上の私傷病によるとき
　　（５）　会社都合によるとき
　２、この規定が適用される従業員が次の各号のいずれかに該当する事由により退職したときは、前項の８割を支給するものとする。
　　（１）　自己都合により契約期間中に退職するとき
　　（２）　休職期間が満了して復職できないとき

（退職金の減額）
第４条　懲戒処分があった場合には退職金の未支給若しくは減額をすることがある。

（勤続年数の計算）
第５条　第２条の勤続月数の計算は、雇い入れた月から退職の月までとし、１月に満たない端数月は切り上げる。
　２　休職期間及び業務上の負傷又は疾病以外の理由による欠勤が１か月を超えた期間は勤続月数に算入しない。

（退職金の支払方法）
第６条　退職金は、会社がこの規定が適用される従業員さん（従業員さんが死亡した場合はその遺族）に支給する。
　２　退職金の支給は原則社長が直接支給するものとする。

（退職金の加算）
第７条　在職中の勤務成績が特に優秀で、会社の業績に功労顕著であったと会社が認めたこの規定が適用される従業員さんに対し、退職金を特別に加算して支給することがある。

　　　　　　　　　　この規則は　令和　　年　　月　　日から施行するものとする。

著者紹介

三村　正夫（みむら・まさお）

㈱三村式経営労務研究所　代表取締役
三村社会保険労務士事務所　所長
福井県福井市生まれ。芝浦工業大学卒業後、昭和55年日本生命保険相互会社に
入社し、販売関係の仕事に22年間従事した。その後、平成13年に石川県で独立し、
開業22周年を迎える。就業規則の作成指導は開業時より積極的に実施しており、
県内の有名大学・大企業から10人未満の会社まで幅広く手がける。信念は「人
生は自分の思い描いたとおりになる」その他特定社会保険労務士・行政書士など
22種の資格を取得。
　著書に「改訂版サッと作れる小規模企業の賃金制度」「サッと作れる小規模企
業の人事制度」「サッと作れるアルバイト・パートの賃金退職金制度」「改訂3版
サッと作れる小規模企業の就業規則」（経営書院）、「ブラック役場化する職場〜
知られざる非正規公務員の実態」（労働調査会）、「改訂版熟年離婚と年金分割─
熟年夫のあなた、コロナ離婚などないと思い違いをしていませんか」「超人手不
足の時代がやってきた！小さな会社の働き方改革・どうすればいいのか」（セル
バ出版）など。

小さな会社のシンプルな一体型賃金制度

2023年2月19日　第1版第1刷発行
2024年9月6日　第1版第2刷発行

定価はカバーに表
示してあります。

著　者　三　村　正　夫
発行者　平　　盛　之

発行所　㈱産労総合研究所
　　　　出版部 経営書院

〒100-0014
東京都千代田区永田町1-11-1　三宅坂ビル
電話 03（5860）9799
https://www.e-sanro.net

印刷・製本　藤原印刷株式会社

ISBN 978-4-86326-344-4　C2034